W9-BZO-803

ANA MARÍA JARAMILLO

REDES SOCIALES PARA TODOS

Su negocio en la Web 2.0

VERGARA

Barcelona • Bogotá • Buenos Aires • Caracas • Madrid • México
Montevideo • Santiago de Chile

WAUKESHA PUBLIC LIBRARY

IWPL0010423413

Denegación de responsabilidad

Este libro se ha elaborado en la forma más completa y exacta posible, pero no está garantizado. La información se proporciona tal cual, sin ningún tipo de garantía, ya sea expresa o implícita. Ni el autor ni el editor tendrán ninguna obligación y/o responsabilidad con relación a cualquier pérdida o daño, causado o derivado de la información contenida en este libro, o de la utilización de los programas que lo acompañan.

1.ª edición: mayo 2011

© Ana María Jaramillo, 2011
© Ediciones B Colombia S.A., 2011
    Cra 15 Nº 52A - 33 Bogotá D.C. (Colombia)
    www.edicionesb.com.co
    www.edicionesb.com.mx

Director editorial: Alfonso Carvajal Rueda
Diseño de carátula: Hache Holguín
Diagramación: María López Olave
Corrección de estilo: Álvaro Carvajal Rozo

ISBN: 978-958-8294-97-1
Depósito legal: Hecho

Impreso por Servicios Editoriales y de Impresión, S.A. de C.V.

Todos los derechos reservados. Bajo las sanciones establecidas en el ordenamiento jurídico, queda rigurosamente prohibida, sin autorización escrita de los titulares del *copyright*, la reproducción total o parcial de esta obra por cualquier medio o procedimiento, comprendidos la reprografía y el tratamiento informático, así como la distribución de ejemplares mediante alquiler o préstamo públicos.

A mis dos mayores tesoros: María Paola y Natalia, por enseñarme todos los días el verdadero significado de la palabra amor. A mi amiga Amarilis Zozaya y mi colega Diego Guevara por sus valiosos aportes en este libro.

"Cuando realmente se desea algo, el universo conspira para que se vuelva una realidad".
Paulo Coelho

Índice

Introducción

Sacándole el jugo a las redes sociales

Si no tuvo oportunidad de leer mi primer libro *Twitter para todos, su negocio en 140 caracteres*, le cuento un poco sobre cómo fue que aterricé en este maravilloso mundo de las redes sociales. Si ya lo leyó y no quiere volver a leer la historia, le invito a pasar al primer capítulo.

Desde hace algo más de tres años utilizo las redes sociales y como periodista he estado muy interesada en los libros y artículos que han surgido alrededor del tema. Sin embargo, lo que terminó por demostrarme el verdadero poder de estas nuevas herramientas fue una experiencia personal.

Hace dos años mi lavadora de ropa, uno de los últimos modelos de la Whirpool, se dañó. Tras dos meses sin poderla utilizar, porque no se conseguía el repuesto en Estados Unidos, -vivo en la Florida- decidí usar Twitter.

Bastó un tweet o mensaje de 140 caracteres, para que una persona de servicio al cliente de esa compañía se comunicara conmigo, me enviara el repuesto a los dos días y a los cuatro alguien lo estuviera instalando en mi lavadora, todo por cuenta de Whirpool.

El mensaje decía:

"Alert!!! Whirlpool Duet Sports Washer Consumers, since December mine is broken and nobody in US has a part, two months without washer !!!!!!".

(Alerta consumidores de la lavadora Whirlpool Duet Sports, desde diciembre la mía esta dañada y nadie en Estados Unidos tiene el repuesto, dos meses sin lavadora!!!!!!).

Según supe después, que en ese entonces había dos personas de Whirpool encargadas de monitorear lo que se decía de la empresa y si era algo negativo: la orden era reaccionar inmediatamente, para evitar así un efecto viral.

La diferencia es que cuando yo llamaba a quejarme a Whirpool, nadie se enteraba de mi malestar y mi reclamo no pasaba de ser una conversación entre dos personas. Pero con Twitter mi molestia se estaba regando como pólvora por la Web, de ahí la efectividad de su respuesta.

En ese momento comprendí que las redes sociales son mucho más que un lugar de encuentro con los compañeros del colegio o el sitio para contar lo que uno está haciendo en un determinado momento.

¿Por qué su empresa debe estar presente en las redes sociales?

Las redes sociales son ya parte de nuestra realidad cotidiana, por lo que no hay ninguna razón para no ponerlas a trabajar al servicio de nuestras empresas, sean pequeñas, medianas o grandes o de nuestra marca personal, si es que somos profesionales independientes.

¿Cuál es su gran valor?

Haberle dado voz a la gente para expresarse, para decir lo que espera de sus gobernantes, de los productos que compra, de los servicios que consume. Es decir, su riqueza radica en poner en el mismo nivel a las empresas o marcas y a sus clientes y ponerlos a conversar de TÚ a TÚ.

Coincido con varios expertos que dicen que las redes sociales no son eternas, hoy son Facebook, Twitter, Linkedin, YouTube y Foursquare las más conocidas entre nosotros. Mañana surgirán nuevas, cada vez más especializadas.

Lo importante es que identifiquemos y pongamos a trabajar a aquellas que le sirven específicamente a nuestra marca o empresa, mientras estas estén vigentes y sean seguidas por un buen número de personas.

¿Cuántas?

Eso es relativo. Para mí, y ya lo he dicho en varias ocasiones: la clave no está en el número de seguidores, sino en la calidad de la conversación que se pueda establecer con ellos.

Sin embargo, me he topado con clientes a quienes solamente les interesan los números y conseguirlos a costa de lo que sea, sin importar mucho lo que estos usuarios quieran decirles.

Es claro que las oportunidades que nos brindan las redes sociales son extraordinarias, no importa a lo que nos dediquemos, donde vivamos ni en qué momento de la vida nos encontremos.

SIEMPRE encontraremos en ellas elementos muy positivos, si las ponemos a trabajar adecuadamente de nuestro lado.

El reto para las empresas de hoy en día es incluir a las redes sociales en sus estrategias de marketing y hacerlo exitosamente, sin prisa o afanes. Porque si hay algo peor para una compañía que estar ausente en social media, es estar presente de manera errónea.

Recuerde que en esa "nueva" relación que usted va a establecer con sus clientes, hay dos factores claves que cultivar: LA CONFIANZA y EL COMPROMISO.

Tenga en cuenta, también, que como empresario o profesional debe comprender que al visibilizarse en la Internet, se expone a críticas y comentarios negativos, que van a regarse por toda la Web. Lo importante es saber cómo reaccionar de la mejor manera posible.

Entrar a las redes sociales con su empresa no será un proceso fácil, ni gratuito, ni de resultados rápidos. Pero podría darle un valor agregado muy importante.

Primero, porque le ayudará a saber, de primera mano, qué piensan sus clientes actuales y prospectos acerca de su marca. **Segundo**, porque al tener esa información podrá entablar una conversación franca con ellos. **Tercero**, porque al conocerlos mejor, gracias a las herramientas existentes, elaborará estrategias efectivas, maximizando así el éxito de su campaña en social media. Cuarto, porque mientras usted decide o no hacerlo, su competencia seguramente ya lo está haciendo.

Este libro busca introducirlo al mundo de las redes sociales a nivel empresarial; encontrará algunas similitudes con el libro de Twitter para todos, especialmente en la parte correspondiente a esta red social, pero amplía el espectro a otros espacios sociales como blogs, Facebook, Linkedin, YouTube y Foursquare.

Adicionalmente, veremos a la Web como medio de comunicación; las distintas clases de estrategias de acuerdo al objetivo y la plataforma escogida; la figura del "community manager" o gestor de comunidades. Aprenderemos cómo conectar las redes entre sí, la importancia de la reputación online y las formas de monitoreo y medición.

Finalmente hablaremos de la privacidad, las reglas de cortesía y consideraciones legales en la Web; así como de las promociones, las tendencias y los casos de éxito.

Tal y como le dije en mi primer libro, espero que este sea el comienzo de una muy provechosa aventura empresarial por las redes sociales. No dude en escribirme a mi cuenta en Twitter @ anamjaramillo contándome su propia historia de éxito. Nuestra nueva conversación sobre redes sociales para empresas comienza aquí.

Capítulo 1

La Web como medio de comunicación

Para nadie es un secreto que la Web ha venido a revolucionar al mundo, al punto que hoy en día es difícil concebirlo sin esta fundamental herramienta.

Un estudio de Pingdom revela que en junio del 2010 había 1.97 billones de usuarios de Internet en el mundo, 266.2 millones en Norteamérica y 204.7 millones en Latinoamérica y el Caribe. Cifras que aumentan aceleradamente día a día.

Hace poco hablaba con una de mis mejores amigas, que además fue compañera mía en la facultad de Comunicación, y reflexionábamos sobre cómo habría sido nuestra vida universitaria de distinta si hubiéramos tenido acceso a la tecnología disponible hoy en día.

Sin embargo, aunque no tuvimos ese "privilegio" en aquella época, ambas lo tenemos ahora como profesionales, por lo que todos, no importa el momento de nuestra vida en el que estemos, debemos sacarle el máximo provecho a todo lo que Web y el social media puede ofrecernos.

Seguramente ha oído hablar de la Web 2.0 y aún no sabe lo que significa. No se sienta mal, hay muchas personas en su misma situación. Pues aunque tienen perfiles abiertos en redes sociales, no conocen muy bien varios conceptos fundamentales a la hora de sacarle jugo a las nuevas tecnologías.

En este capítulo hablaremos de las diferencias entre la Web 1.0 y la 2.0, el fenómeno del social media (medios sociales), el SEO (Search Engine Optimization) y el SMO (Social Media Optimization).

» De la Web 1.0 a la 2.0

Aunque hay algunas personas que piensan que la Web más que un medio de comunicación es un canal, yo no lo considero así. La Web es el medio de comunicación más poderoso que existe en la actualidad y le gana a los medios tradicionales en cobertura, instantaneidad, acceso a una mayor cantidad de información mundial y en su maravilloso poder de interacción.

Pero la Web también ha tenido sus épocas y me voy a referir solamente a las más recientes, sin ir a hablar de su historia.

La Web 1.0 es la forma más básica e incluye las páginas creadas por webmasters, en las cuales no se puede interactuar. Solamente es posible obtener información.

Según Wikipedia este tipo de Web se inició en 1991 y terminó en el 2003 cuando apareció el concepto de Web 2.0, revolucionando la forma en que nos comunicamos y brindándonos oportunidades únicas de interrelación con nuestras comunidades.

Ya se habla de una Web 3.0, relacionada con los conceptos de georeferenciación, que aunque está en desarrollo, sin duda será la base de nuevas formas de comunicación humana.

Wikipedia describe la Web 3.0 como la evolución del uso y la interacción en la red a través de diferentes caminos. Ello incluye, la transformación de la red en una base de datos, un movimiento para hacer los contenidos accesibles por múltiples aplicaciones sin browser, el empuje de las tecnologías de inteligencia artificial, la Web Semántica, la Web Geoespacial, o la Web 3D. Mientras vemos que la Web 3.0 se desarrolla, observemos las Webs 1.0 y 2.0.

» ¿Cuáles son las diferencias entre la Web 1.0 y la Web 2.0?

El término Web 2.0 está comúnmente asociado con el de social media, vamos a revisar ahora este concepto.

» ¿Qué es Social Media?

Hay muchas definiciones acerca del concepto de social media, dependiendo de quien la haga y el uso que le dé. Vamos a darle un vistazo al significado de los dos términos:

- **Social:** está relacionado con las actividades que comparten los miembros de la sociedad. En este caso el canal de la comunicación de esas actividades es la Web.
- **Media:** se refiere a la creación de contenido, texto, audio, video y/o imágenes.

Por lo que podría decirse que social media es la posibilidad de compartir actividades, ya sea en forma de contenido, texto, audio, video y/o imágenes, con otros miembros de la sociedad a través de la Web. En pocas palabras, este nuevo fenómeno llamado social media, le da la posibilidad a cualquier persona de crear un

WEB 1.0	WEB 2.0
Va desde el 1991 al 2003.	Va desde el 2004 al presente.
La información solamente se puede publicar y modificar en la Web a través de webmasters, una minoría con conocimientos de lenguaje de computación.	La información se puede publicar y modificar en la Web, sin necesidad de avanzados conocimientos tecnológicos.
La comunicación es unidireccional.	La comunicación es bidireccional.
El contenido es limitado y pocas veces actualizado.	El contenido es muy amplio y se actualiza con mucha frecuencia.
Permite solamente la lectura del contenido.	Permite la lectura y la interacción de los usuarios entre sí y con los autores del contenido.
Funciona con software tradicional.	Funciona con software y aplicaciones más simples que no requieren instalación previa en el computador.
La mayoría de estos sitios Web tienen propósitos comerciales.	Los propósitos de sus sitios no son necesariamente comerciales, pueden ser informativos o recreacionales.
El objetivo principal es difundir información puntual.	Además de difundir información, busca construir conversaciones a través de la interacción de quienes elaboran el contenido y quienes lo leen y entre los mismos usuarios.

contenido; si es interesante o no, es algo que la misma comunidad determinará. Posteriormente, publicarlo a través de la Web, para recibir retroalimentación directa de esa misma comunidad, creando así CONVERSACIONES. Cabe anotar que la expresión social media está tan generalizada, que ha sido difícil traducirla al español, aunque "Medios Sociales" y "Plataformas Sociales" se usan cada vez con más frecuencia en su lugar.

El término redes sociales también es utilizado como sinónimo de social media, aunque hay quienes dicen, entre los cuales me incluyo, que estas son sólo una parte de este gran fenómeno. Es decir, son las herramientas, más no la estrategia.

» ¿Para qué sirve el Social Media?

La utilidad de social media la define Joel Comm, el autor del libro *Twitter Power* de una forma muy clara:

"Sea cual sea el objetivo, el resultado de social media siempre será **conexiones firmes** entre la gente que participa. Y cuando esas conexiones se forman alrededor de negocios, el resultado es excelente".

Seguramente le ha pasado que al hacer una búsqueda en la Web se topa con un artículo de alguien que tiene la información justa que usted necesita. Y luego se pregunta, ¿por qué esta persona no cobra por esto, si tiene un contenido realmente valioso? ¿Qué gana al publicarlo en la Web en forma gratuita?

Lo cierto es que gana seguidores, que a su vez van formando una comunidad. Adicionalmente, genera visitas en su página y eso puede llegar a darle muy buenos dividendos económicos y sociales, como por ejemplo, prestigio y credibilidad.

En términos generales, el social media le da visibilidad a quien la aplica como estrategia, y recuerde que el que se exhibe y exhibe correctamente, vende y el que vende, gana.

» ¿Cuánto cuesta participar en Social Media?

Las empresas que piensan que estar presentes en las redes

sociales en forma exitosa es gratis, están muy equivocadas. Se necesita quien elabore una estrategia, quien la implemente, quien la mantenga y quien la monitoree. Dependiendo del tamaño y del presupuesto de la empresa, estos roles son cumplidos por varias personas.

De igual manera, si usted ha decidido realizarlo todo tampoco es gratis. ¿Cuánto vale el tiempo que le llevará aprender sobre el tema y sentirse lo suficientemente cómodo como para lanzar su empresa o negocio a las redes sociales y no al precipicio?

Además, existen otros costos operativos para tener en cuenta: el computador, el servicio a la Internet y la luz, todo vale. Así que olvídese de la idea de que como abrir perfiles en las redes sociales es gratis, lo que viene después también lo será.

Es indispensable que le dé el valor económico real a esta labor, ya sea si la va a llevar a cabo por su cuenta, si la va a desarrollar su departamento de Mercadeo, de Comunicaciones, o si va a contratar un gestor de comunidades.

Lo que sí puedo asegurarle es que de implementar la estrategia adecuada, las posibilidades de que sus mensajes lleguen al "target" deseado son más altas en social media, que en cualquier medio de comunicación tradicional y por una fracción del costo.

De otra parte, la retroalimentación del usuario con los medios tradicionales de comunicación es mínima, frente a la que ofrecen los medios sociales, donde se forma una **verdadera conversación** entre ambas partes. Y justamente de esas conversaciones surgen las **comunidades**.

» ¿Cuáles son los diferentes tipos de plataformas que se usan en social media?

Estas son algunas las plataformas sociales más usadas actualmente en el mundo:

1. Website de contenidos

Según Wikipedia un sitio Web es una colección de páginas

Web relacionadas y comunes a un dominio de Internet o sub-dominio en la World Wide Web en Internet. El Website de contenidos permite interactuar a través de comentarios y compartir en los espacios virtuales de los visitantes al sitio.

2. Blogs

La definición que Wikipedia le da a un blog, o en español también una bitácora, es la de un sitio Web, periódicamente actualizado, que recopila cronológicamente textos o artículos de uno o varios autores. Apareciendo primero el más reciente, donde el autor conserva siempre la libertad de dejar publicado lo que crea pertinente.

3. Redes sociales

Están definidas por Wikipedia como estructuras sociales compuestas de personas (u organizaciones u otras entidades), que están conectadas por uno o varios tipos de relaciones, tales como amistad, parentesco, intereses comunes, intercambios económicos, relaciones sexuales, o comparten creencias, hobbies o pasatiempos comunes, conocimientos o estatus.

Se habla de dos tipos de redes sociales:

a. Verticales

Son las redes creadas por los propios usuarios, algunos ejemplos son:
- Ninq
- Bigtent
- SocialGo
- Spruz
- Mixxt
- Shoutem
- Twiducate
- Edmodo

b. Horizontales

Son las redes creadas por programadores a las que se unen los usuarios. Algunos ejemplos son:

- Facebook
- YouTube
- Foursquare
- MySpace
- Metacafe
- Jisko
- Flickr
- Friendfee
- Google Buzz
- Keteke
- Hi5
- Windows Live Space
- Picotea.com
- Tuenti
- Xing
- Bebo
- Friendster
- Sonico
- Wikipedia
- Orkut
- Badoo
- MyFamilypedia
- Boombang

4. Microblogging

Es un nuevo concepto en social media que representa lo opuesto a otras plataformas en relación al tamaño del contenido. Algunas de las características del microblogging son:

- Conjuga elementos de blog, SMS (mensajería instantánea), "chat" y foro.

- Permite a sus usuarios enviar y recibir mensajes de sólo texto, vía SMS.
- Las actualizaciones están limitadas (usualmente) a un máximo de 140 caracteres.
- La comunicación entre usuarios puede ser de una vía o bidireccional.
- Algunas redes sociales, como Facebook, cuentan con una herramienta de microblogging denominada "Status update".

Entre los microblogs más conocidos están:
- Twitter
- Jaiku
- Identi.ca
- Khaces
- Spoink
- Yammer
- Plurk

Aunque muchos consideran a Facebook y a Twitter como redes sociales, hay muchas personas que no están de acuerdo, entre las que me incluyo, y los ven más como un medio de comunicación. Si desea conocer la lista completa de las redes sociales en el mundo, le recomiendo este link:
http://en.wikipedia.org/wiki/Listof_social_networking_websites

En los capítulos posteriores analizaremos con más detalle cada una de las plataformas sociales más importantes: blogs, Twitter, Facebook, Linkedin, Foursquare y YouTube, y diseñaremos un plan de acción para combinarlas entre sí. Recuerde que nuestro principal objetivo es poner a trabajar estas plataformas para su beneficio y/o el de su negocio.

» ¿Qué es SEO "Search Engine Optimization"?
Search Engine Optimization (SEO por sus siglas en inglés) u optimización de motores de búsqueda, no es otra cosa que la

metodología creada para potencializar la presencia de la empresa en los motores de búsqueda y crear un posicionamiento natural de su marca o empresa en la Web.

Eso significa que cuando usted busque un tema relacionado con los productos y/o servicios de su empresa, de acuerdo a la relevancia de sus contenidos y qué tan buen SEO haya hecho al sitio, podrá aparecer en los primeros lugares de los motores de búsqueda.

» ¿Para qué sirve el SEO?

Entre las labores del SEO pueden estar:

- Revisar el contenido y la estructura del sitio.
- Brindar asistencia técnica en el desarrollo de sitios Web: por ejemplo, alojamiento, redireccionamientos, páginas de error, uso de JavaScript, etcétera.
- Desarrollar contenidos.
- Administrar campañas de desarrollo empresarial online.
- Investigar palabras claves.

Según Google, aunque pueden proporcionar servicios muy valiosos a los clientes, algunos SEO con falta de ética han perjudicado al sector con estrategias agresivas e intentos de manipular los resultados de los motores de búsqueda de forma ilícita.

En eso Google ha sido enfático al afirmar que toda práctica que no cumpla con las directrices de esta empresa, puede afectar negativamente la presencia del sitio en cuestión en este buscador, o incluso puede provocar la eliminación del sitio de su índice.

Recomendaciones de Google y que debe tener en cuenta:

- **Desconfíe de empresas de SEO y consultorías o agencias Web que le envíen mensajes de correo no solicitado**
  Sea escéptico con el correo no solicitado sobre motores de búsqueda.

- **Sepa que nadie puede garantizarle el primer puesto en la clasificación de Google**

  Desconfíe de los SEO que dicen garantizar las clasificaciones, que afirman tener una "relación especial" con Google o que dicen disponer de un sistema de "transferencia prioritaria" a Google. Esta empresa afirma que no hace distinción alguna. De hecho, la única forma de transferir un sitio directamente a Google es desde su página seleccionando "Añadir URL" o mediante el envío de un sitemap. Puede hacerlo usted mismo, de forma totalmente gratuita.

- **Sospeche de una empresa con secretos o que no explica claramente sus intenciones**

  Pida explicaciones si algo no le queda claro. Si un SEO crea contenido engañoso o falso en su nombre, como páginas "puerta" o dominios "desechables", puede que su sitio quede excluido definitivamente del índice de Google.

  En última instancia, usted es el responsable de las acciones de las empresas que contrata. Por lo tanto, es mejor asegurarse de que sabe exactamente cómo piensan "ayudarle". Si un SEO tiene acceso al FTP de su servidor, le debe explicar los cambios que va a realizar en su sitio.

- **No tenga un enlace a un SEO**

  Desconfíe de los SEO que hablan sobre la eficacia de los enlaces "gratuitos para todos", esquemas de popularidad de enlaces o el envío de su sitio a miles de motores de búsqueda. Se trata de acciones sin utilidad que no afectan al posicionamiento de su sitio en la página de resultados de los principales motores de búsqueda, al menos no de una forma que usted podría considerar positiva.

- **Elija con cuidado**

  Cuando se decida por un SEO, se recomienda realizar algunas

averiguaciones en el sector. Evidentemente, Google le proporciona una manera de hacerlo. También puede consultar algunas de las noticias que han aparecido en la prensa y que lo invitan a actuar con precaución. Aunque Google no hace comentarios sobre empresas concretas, ellos afirman haber encontrado compañías que se hacen llamar SEO y que presentan prácticas comerciales claramente inaceptables. ¡Tenga cuidado!

- **Asegúrese de que ha entendido adónde va su dinero**
  Aunque Google nunca vende la posición de un sitio en sus páginas de resultados, hay muchos otros motores de búsqueda que combinan resultados de pago por clic o pago por inclusión con sus resultados de búsqueda Web normales.
  Algunos SEO le prometerán una posición elevada en motores de búsqueda, pero lo colocarán en la sección publicitaria en lugar de la de resultados. Otros cambian en tiempo real sus precios de oferta para crear la ilusión que "controlan" otros motores de búsqueda y que pueden colocarse en el lugar deseado. Según Google, esta trampa no funciona con ellos, añadiendo que la publicidad está claramente separada de los resultados de búsqueda. No obstante, Google le recomienda preguntarle al SEO qué esté considerando contratar, las tarifas que se destinarán a una inclusión permanente y las que se destinarán a la publicidad temporal.

» ¿Qué es SMO "Social Media Optimization"?

Social Media Optimization (SMO por sus siglas en inglés) u optimización de los medios sociales, no es otra cosa que la estrategia elaborada por parte de las empresas para tener una presencia exitosa en las plataformas sociales.

» ¿Para qué sirve el SMO?

Los beneficios del SMO son muy amplios, algunos de los más importantes son:

- Incentiva un compromiso entre la empresa y el usuario, a través de las campañas de fidelización en los medios sociales.
- Disminuye algunos costos operativos de los departamentos de servicio al cliente, publicidad, mercadeo, recursos humanos y relaciones públicas, entre otros.
- Segmenta el mercado de una manera más efectiva.
- Posibilita saber qué están haciendo sus competidores.
- Aviva el proceso de innovación y creatividad de la compañía.
- Visibiliza la imagen de su empresa en la red (reputación digital).
- Posibilita la opción de construir una comunidad activa alrededor.
- Brinda la opción de hacer monitoreo a lo que sucede en las comunidades y manejarlo estadísticamente.

» ¿Quién lleva a cabo el SMO en una empresa?

Hay varias alternativas: lo puede llevar a cabo el departamento de Marketing, el departamento de Comunicaciones, ambos o contratar los servicios de una agencia, un estratega o un "community manager" o gestor de redes sociales.

» Perfiles de social media en la empresa moderna

1. Director de medios sociales

Es el principal responsable de la implementación de estrategias de construcción y gestión de comunidades en medios sociales. Su perfil se confunde con el del director de marketing online.

2. Director de comunidades

Esta es una labor que debería asumir el Director de Comunicaciones. Su principal función es crear e implementar estrategias de comunicación para que la empresa interactúe con sus comunidades.

3. Director de Marketing Online

Es el responsable de la estrategia de mercadeo online como tal, sus principales características son conocer perfectamente la Web, saber inglés, tener iniciativa y saber trabajar en equipo. Este perfil normalmente lo asume el director de mercadeo.

4. Estratega de medios sociales

Es la persona que crea y describe detalladamente la estrategia que llevará a cabo la empresa en los medios sociales, pero no necesariamente la implementa.

5. Gestores de comunidad

También llamados Community Managers. Es talvez, el más conocido de los perfiles laborales relacionados con los medios sociales. Es la persona encargada de implementar, analizar, controlar y monitorear la imagen de una empresa en las redes sociales. Además de tener buenos conocimientos en social media, debe tener el suficiente criterio para identificar las buenas oportunidades en la red, así como anticiparse a los posibles problemas que surjan.

6. Moderadores

Trabajan de la mano con los gestores de comunidad y su labor es interactuar con los miembros de las comunidades de la empresa.

7. Productores de Contenidos

Son quienes crean el contenido que alimentará las páginas de las sociales en las que la empresa está presente (textos, fotos, videos, etc.), trabaja de la mano con el estratega y el gestor.

8. SEOs

Estos profesionales ayudan a incrementar el grado de relevancia de las páginas de la empresa en los motores de búsqueda de las comunidades donde ésta está presente.

El personal que contrate dependerá del tamaño, presupuesto y tipo de empresa. Lo que sí NO DEBE hacer, es dejar en manos de practicantes o internos esta labor, porque los errores podrían costarle muy caro.

En el siguiente capítulo, veremos la importancia del diseño de una buena estrategia de social media para su empresa. Cómo escoger las redes sociales en las que va a participar, las que verdaderamente le van a ofrecer un valor agregado a su marca y los errores más frecuentes que cometen las empresas en las redes sociales, como creer que estas son una estrategia por sí mismas.

Capítulo 2

Rumbo a la empresa 2.0

Antes que su empresa o su marca tengan presencia en las redes sociales es necesario tener un plan de acción previo, que le ayude a maximizar sus recursos, minimizar los errores y así cumplir los objetivos trazados.

Este es el modelo de plan que yo normalmente uso; es sencillo y funciona muy bien para cualquier marca, empresa o profesional independiente. Trate de hacer el ejercicio de escribirlo y téngalo siempre a la mano para consultarlo.

» ¿Cómo crear un sencillo, pero eficaz plan de Social Media?

1. Monitorée su marca

Antes de empezar haga un diagnóstico de su reputación online, es decir investigue cuáles son las fortalezas y debilidades de su marca en la Web, si no es una empresa o un producto nuevo.

Analice qué es lo que se ha dicho en el pasado: en qué contexto, quién lo ha dicho, por qué, cuál ha sido su respuesta y cuáles han sido las consecuencias. Adicionalmente, debe investigar el mercado, cuáles de sus competidores ya están presentes en Social Media, en qué redes, cómo lo están haciendo, quiénes son la personas más influyentes en su sector.

Trate de ver no sólo cómo está posicionada su marca, sino también la de su competencia y en general analice las tendencias de su sector en la red. Recuerde que el que tiene la información, tiene EL PODER.

Tenga en cuenta que esta investigación será la base de su estrategia y entre más completa esté, más posibilidades tendrá de que su presencia en Social Media sea exitosa.

Si tiene los recursos suficientes para contratar un profesional SEO (Search Engine Optimization) u optimizador de motores de búsqueda, hágalo. Este le podría ser muy útil especialmente en la parte de la investigación.

Pero no es algo indispensable, pues la conjunción de herramientas podrá ayudarle a su equipo a llevar a cabo esta investigación, la cual la veremos con más detalle en el capítulo 10 cuando hablemos de reputación online.

2. Defina objetivos

Con base en la información anterior, establezca sus objetivos. Trate que sean específicos, porque de lo contrario el resultado final podría ser contraproducente.

Tenga en cuenta que la mayoría de las redes sociales no son canales de venta directa para sus productos y/o servicios. Son herramientas para hacer su imagen más visible y positiva en la Web y por ende estimular a los usuarios a comprarlos.

Algunos de los objetivos pueden ser:
- Construir y/o fortalecer su marca positivamente en Web.
- Crear y posicionarse en un determinado nicho de mercado.
- Activar o fidelizar a sus clientes actuales.
- Captar nuevos clientes y establecer una conversación con ellos.
- Expandir geográficamente su negocio.
- Generar visitas hacia su portal de Internet o blog.
- Lanzar nuevos productos.
- Conocer la percepción que los usuarios tienen de su marca y sus patrones de consumo.
- Identificar cuáles son sus principales intereses y tópicos de conversación para así elaborar estrategias exitosas.

3. Conozca a su cliente-objetivo

Defina e investigue las características de sus posibles clientes en las redes sociales. Entre mejor los conozca, su mensaje les llegará con más efectividad. Conteste las siguientes preguntas:

- ¿Quiénes son?
- ¿Tienen una presencia importante en las redes sociales? Si es así, ¿en cuáles?
- ¿Son clientes actuales o son prospectos?
- ¿Qué rango de edad tienen?
- ¿Dónde están localizados?
- ¿Cuál es su nivel socio-económico?
- ¿Qué educación tienen?
- ¿Qué profesiones u oficios tienen?
- ¿Cuáles son sus gustos?
- ¿Tienen hijos pequeños?

4. Especifique el tipo de contenido que va a divulgar y su forma de interactuar

Recuerde que en los medios sociales se generan conversaciones, por lo que es muy importante que sepa, de antemano, qué es lo que va a decir y de qué manera se va a dar este intercambio. Antes que nada tiene que saber que la clave del éxito en la presencia de las empresas en las redes sociales es el CONTENIDO, con mayúsculas.

Para construir una buena comunidad de seguidores/fans y mantenerlos comprometidos, es necesario ofrecerles contenido. Que además de ser de excelente calidad, SIEMPRE debe estar relacionado con los temas que al target de la empresa o marca le interesan.

Un contenido acorde y constante generará confianza entre los usuarios. Lo que producirá conversaciones que involucren un compromiso de ambas partes. Produciéndose así, un efecto multiplicador que termine formando una comunidad alrededor de nuestra empresa o marca.

» El esquema de éxito de las 6 Cs

Contenido
Constancia
Confianza
Conversación
Compromiso
Comunidad

» 7 elementos para tener en cuenta a la hora de crear un buen contenido

1. Exprese en forma clara y concisa el hecho más importante de la información.

2. Procure transmitir credibilidad en todo momento.

3. Responda las preguntas quién y qué.

4. Trate de no tener un exceso de cifras y siglas.

5. Utilice verbos en acción, en lugar de decir: "Lanzamiento de nuevo producto en Facebook", diga "Facebook lanza un nuevo producto".

6. Evite formas impersonales, en lugar de decir: "Dicen que Linkedin aumentó el número de usuarios", diga "El fundador de Linkedin declaró que el número de usuarios aumentó".

7. Omita el sensacionalismo y amarillismo.

Aunque el tono de la charla depende de muchos factores, como el tipo de producto, por ejemplo, contestar estas preguntas le ayudará bastante en su estrategia, especialmente en lo relacionado con el contenido que usted compartirá.

- ¿Qué tono de lenguaje va a usar: formal o informal?
- ¿Qué tipo de contenido va a difundir: informativo, amistoso o comercial?

5. Escoja las redes sociales

Este es uno de los puntos más importantes: cómo escoger las redes sociales en las que se va a participar?

No hay fórmulas exactas acerca de este tema, podría depender del tipo de empresa, del tamaño y los recursos con los cuales se cuenta para tener presencia en la Web.

Pero independiente de esto, soy de la teoría que siempre es preferible empezar por poco, pero hacerlo bien; especialmente cuando no se conoce completamente el tema y aún en las empresas hay mucho desconocimiento al respecto.

Sin embargo, pareciera que para muchas compañías el social media no es más que una moda, en la que hay que estar, auque no se sepa ni por qué.

Por lo que desde el primer día quieren el blog y los perfiles en Twitter, Facebook, Foursquare y YouTube funcionando y ojalá a la semana con un gran número de seguidores.

Esto maximiza las posibilidades de equivocarse, porque en esa carrera por abarcarlo todo, está dejando de oír a sus seguidores. Créame, ELLOS son quienes le mostrarán el camino a seguir, por eso es mejor ir despacio.

Hace poco tuve una experiencia con una compañía en Estados Unidos que quería el blog y los perfiles para cada uno de sus productos en Facebook y Twitter, todos desde el primer día. No pude hacerles entender que lo más adecuado era empezar uno por uno y ver cómo iban reaccionando los usuarios.

El resultado fue que al mes tuvieron que cerrar varios de ellos y concentrarse solamente en un producto y dos plataformas, con la consecuente pérdida de tiempo y recursos.

A este respecto tengo dos recomendaciones que hacer. Oiga con detenimiento a la persona que ha contratado para que elabore su estrategia y no deje de oír a sus usuarios por estar ocupado estableciendo presencia en otras redes. Conquiste redes de una en una.

Volvamos al punto inicial de cuáles redes sociales escoger. Yo prefiero empezar con un blog corporativo, del cual hablaremos más detenidamente en el capítulo 3, que posteriormente se convierta en el alimentador de las demás redes.

Una vez este esté funcionando adecuadamente, poco a poco podrá ir abriendo perfiles en otras redes, dependiendo de cuál es el valor agregado que estas le brindan a su marca o empresa.

» 5 claves para escoger en cuál red social participar

1. Conocer perfectamente cuál es su nicho.

2. Saber de antemano cuál es el objetivo a alcanzar al tener presencia en dicha red.

3. Detectar en cuál de ellas se mueve su audiencia y cuáles son sus hábitos.

4. Hacer un inventario de los recursos humanos con los que cuenta para mantener los medios sociales y así evitar que su empresa se quede pequeña ante un eventual aumento en el flujo de tráfico.

5. Investigar en cuáles redes está su competencia y cómo se desenvuelve en ellas. Entre los capítulos 4 y 8 veremos las principales redes; con ellas tendrá mejores herramientas para decidir en cuáles va a participar.

6. **Defina roles y responsabilidades del personal a cargo y planifique el tiempo.**
   Este es otro aspecto neurálgico del plan, podría decir que casi el motor. Sea una agencia, consultor externo o personal de su misma

empresa, es indispensable que antes de empezar a implementar la estrategia se definan claramente los roles y responsabilidades de cada integrante del equipo.

Es muy importante que sepa cuánto tiempo destinará para manejar su(s) cuenta(s) en los medios sociales. Tenga en cuenta que en la Web todos los horarios son "prime" porque probablemente a cualquiera hora del día o de la noche encontrará una comunidad conectada que le interese a su marca o compañía.

En este aspecto lo ideal es que no haya espacio para la improvisación. Una planificación semanal de actividades, le ahorrará tiempo y aumentará sus posibilidades de cumplir sus objetivos.

Al crear campañas específicas, planifique también su duración, sus objetivos y quién de su equipo la va a ejecutar.

Adicionalmente, es muy importante que de antemano sepa quién será la persona o personas encargadas de hacerle cargo a una crisis online. Para eso es necesario contar con un manual de crisis que le ayude a manejar la situación en la mejor forma posible.

» Gestión de crisis en redes sociales

En abril del 2009, dos empleados de la empresa Domino´s Pizza en Carolina del Norte, Estados Unidos, se grabaron haciendo cosas desagradables con su nariz, mientras preparaban la pizza.

El video fue subido en YouTube y corrió como pólvora por la Web, con más de un millón de visualizaciones. La situación se volvió un problema muy grave para la compañía, pues hasta los medios de comunicación registraron el caso.

Varios días después, la empresa identificó la audiencia del video; una de ellas era Twitter, donde por cierto la compañía hasta ese momento no tenía una cuenta.

El paso siguiente fue grabar un video de su presidente pidiendo disculpas por el hecho, el cual fue publicado en YouTube y en su página corporativa.

Esto estuvo apoyado por una campaña con medios tradicionales, recalcando que fue un caso aislado y utilizando cifras positivas de la empresa, como el número de trabajadores, los países en los que está presente, etc. La empresa también trató de sacar el video de YouTube, para evitar que se siguiera propagando. Sin embargo, si Domino's hubiera actuado con mayor rapidez, bajo unos protocolos previamente establecidos para manejar crisis en las redes sociales, seguramente otra hubiera sido la historia y nunca hubiese llegado a los noticieros de televisión.

Y es que es increíble, -como decía uno de los portavoces de Domino's -como: "Dos idiotas con una cámara de video pueden dañar la reputación de una marca con cincuenta años de experiencia". Este caso ilustra claramente lo que sucede cuando las empresas no tienen un manual de manejo de crisis en las redes. Peor aún, si no están en ellas cuando se les presenta una situación así.

Cabe aclararles a las empresas que el hecho de no estar presentes en las redes sociales corporativamente, no significa que sus productos no lo estén, a través de los comentarios que hacen sus consumidores. Por lo que le recomiendo: si ha decidido no entrar aún en el Social Media como compañía, al menos tómese el trabajo de monitorear lo que dicen de sus productos.

Hace un tiempo, cuando le presenté a un empresario mi estrategia para que ingresara al social media, se sorprendió al ver la cantidad de comentarios que había en la Web hablando de sus productos. En su compañía nadie había hecho juiciosamente el trabajo de ver qué se decía de ellos en el mundo online.

» 10 estrategias para el manejo de crisis en redes sociales

1. Redactar un manual de manejo, categorizando los tipos de crisis y las respuestas a cada uno, dependiendo también del medio social en el que haya surgido la crisis. Alimente ese

manual constantemente con información relevante; la idea es que esté en constante evolución.

2. Nombrar un portavoz y entrenarlo para que hable con los medios tradicionales, si es necesario.

3. Elegir a la persona o personas encargadas de manejar la crisis, quienes deben estar dispuestas a trabajar, aún fines de semana, para intentar manejarla cuanto antes posible.

4. Actuar con rapidez; en este tipo de problemas cada hora que pasa, maximiza la posibilidad de que el problema se agrande de una manera dramática.

5. Tener presencia en las redes sociales antes del surgimiento de una crisis. Al no tener presencia, Domino's, tuvo que establecerla rápidamente ANTES de empezar a solucionar el problema, perdiendo así un tiempo valioso.

6. Monitorear su marca o empresa en la Web. Si no se tiene actividad directa en las redes sociales, por lo menos monitorée lo que se dice de sus productos.

7. Reflejar sinceridad y humildad por parte de su empresa en la campaña de respuesta a la crisis.

8. Responder a los comentarios, así sean muy negativos, en forma cortés y educada.

9. Tratar de enfocar la atención hacia algo positivo de su empresa.

10. Hablar del tema abiertamente y si hubo un comportamiento vergonzoso por parte de la compañía, pues disculparse.

» Cómo escoger quién va a hacer la estrategia, quién la va a implementar y quién la va a mantener

Escoger quien visibilizará su producto o marca en las redes sociales, no es una decisión fácil. Ya vimos en el capítulo anterior los perfiles de los profesionales más relevantes en este campo. Las cuatro alternativas que están siendo más utilizadas en la actualidad son:

1. **Contratar un estratega de social media,** (Que trabaje con agencia o sea independiente) para elaborar la estrategia, la implemente y entrene al personal de comunicaciones y/o marketing de su empresa o alguien de fuera, para mantener y monitorear las cuentas. Este estratega puede seguir asesorando a la empresa, por un monto mensual, o cobrar por hora de consulta.

2. **Contratar a una agencia para que elabore la estrategia,** la implemente, la mantenga y la monitorée desde fuera de la empresa.

3. **Entrenar a personal ya existente en su empresa,** sea del departamento de marketing y/o de comunicación, para que realice dichas actividades.

4. **Contratar a un "community manager" y/o a un director de marketing online** para que haga las mismas labores, pero desde la empresa.

Como ya lo había dicho anteriormente, esta decisión dependerá del tipo y tamaño de empresa y los recursos humanos y económicos con los que cuente.

7. Establezca metas

Como cualquier plan, su estrategia en social media tiene que basarse en el cumplimiento de metas a corto, mediano y largo plazo. Sea realista cuando formule los plazos y no se desanime cuando los incumpla. Por ejemplo:

- En 1 mes tener el blog funcionando perfectamente
- En dos meses tener presencia en Facebook
- En seis meses tener estar en Twitter
- En ocho meses tener presencia en Linkedin
- En un año incorporar videos en YouTube

8. Retorno de la inversión

Como cualquier empresario, estoy segura este es el punto que más le interesa: saber cómo se va a traducir su presencia en las redes sociales en las ventas de sus productos.

Lamentablemente, aún no hay una fórmula exacta para medir el ROI o retorno de inversión en este tema. Lo que sí se sabe es que una campaña de social media bien elaborada y especialmente bien implementada, visibiliza positivamente una marca o empresa, lo que indirectamente se traduce en ventas.

Yo lo veo igual que un comercial de televisión, una cuña de radio o un aviso en un medio impreso. Venden directamente su producto?, No. Lo que hacen es visibilizarlo, para que nosotros vayamos a comprarlo. Pues el social media hace lo mismo, sólo que esa visibilización no es en un medio de comunicación tradicional, sino en el más poderoso del mundo: **La WEB.**

9. Monitorée lo que se dice

Vale la pena que desde antes de implementar su plan de social media, conozca cuáles son las mejores aplicaciones para hacer el monitoreo de su campaña. Esto le servirá para seguir día a día lo que se dice de usted o de su empresa y tomar, a tiempo, los correctivos pertinentes de ser necesario. Este tema lo vamos a ver con más amplitud en el capítulo 10 de este libro.

» 20 errores que cometen las empresas en las redes sociales

Un informe realizado por Harvard Business Review Analytic Services, revela que sólo el 12% de las empresas encuestadas están utilizando el social media de forma efectiva. Estos son 20 de los errores más comunes que he visto que cometen las empresas con presencia en las redes sociales:

1. Tener presencia en social media por estar de moda

Si ese es el motivo por el cual usted quiere estar en las redes sociales con su empresa, le recomendaría que no lo haga; porque como le dije anteriormente, peor que estar ausente, es estar presente sin saber por qué.

2. Pensar que una campaña de social media es gratis

El hecho que sea gratis abrir una cuenta en cualquiera de las redes sociales, no hace que una campaña allí no cueste dinero. Si se quiere tener éxito en social media, las empresas tienen que tener claro que van a tener que hacer una inversión económica para lograrlo.

3. No contar un plan de acción ni una estrategia definida antes de entrar

El hecho de no tener un mapa qué seguir, seguramente conducirá a la empresa al abismo y creará desconfianza entre los seguidores.

4. No asignar la responsabilidad de implementar, mantener y monitorear un plan

Este es uno de los mayores errores que cometen las empresas; su reputación online la dejan en manos de un pasante o interno, aduciendo que sabe mucho de tecnología. También he visto cómo muchas empresas delegan esta labor a su director de mercadeo, que en muchos casos no sabe ni escribir correctamente un mensaje, mucho menos un artículo para un blog.

Considero que detrás de una buena estrategia de social media para empresas debe haber un equipo interdisciplinario conformado por personal de mercadeo, pero comandado por personal de comunicaciones, porque no solamente es transmitir un buen mensaje, sino la forma en que se dice.

5. No escuchar a sus seguidores/fans

Muchas empresas siguen pensando que estamos en la web 1.0 y simplemente hablan unidireccionalmente, desperdiciando una oportunidad única de escuchar lo que sus seguidores quieren decir.

6. No conversar con sus seguidores

Un estudio reciente de la firma Alterian dice que solamente el 30% de las empresas con presencia en las redes sociales, mantiene una interacción real con sus seguidores. Es necesario tener iniciativa y generar así una comunicación amplia, abierta y sincera.

7. Esperar que los resultados de la campaña se vean a corto plazo

La confianza es un factor clave en cualquier relación y esta no se gana de un día para otro, hay que construirla. Así su empresa sea muy conocida, está estableciendo un nuevo vínculo con su usuario; ambos tienen que darse tiempo para acostumbrarse a esa nueva dinámica.

8. Iniciar con una campaña muy grande, cuando recién empieza a tener presencia en las redes

Siempre he recomendado empezar por lo chico; es mejor conocer poco a poco a su audiencia, antes de iniciar una gran campaña online.

9. Prescindir de las formas de marketing tradicionales para enfocarse solamente en las redes sociales

No hay que acabar con el mercadeo tradicional para tener presencia en las redes sociales. Es más, depender en un 100% de los medios sociales, puede llegar a dañar su marca. El reto es integrar las dos formas de promoción dentro de una estrategia única, denominada por los expertos como una "Estrategia 360".

10. Hablar solamente de sus productos o de usted como profesional y ser considerado un spam

Recuerde que esta es una conversación y a nadie le gusta el ególatra que sólo habla de sí mismo y de sus maravillas. La cuerda es muy fina, trate que no se rompa.

11. Pensar en solamente subir el número de seguidores y fans y no en lo que puede conocer acerca de ellos

A muchas empresas, políticos y celebridades les interesa más subir los números de seguidores en sus páginas, que en cultivar los que ya tienen. Recuerde que lo importante es la conexión con su comunidad, no su tamaño.

12. No Monitorear lo que se dice en la Web

Según un estudio de Harvard Business Review Analytic Services el 75% de las empresas encuestadas no sabía lo que sus clientes decían sobre ellas en el Internet. Esto lo veremos con más amplitud en el capítulo 10 en el que hablaremos de la reputación online y las formas de medición.

13. Como empresa no apoyar a quienes administran las redes sociales

Si para usted como cabeza de su empresa no es importante tener presencia en las redes sociales, seguramente el apoyo que le dará a quienes las van a administrar, será tan débil que la campaña terminará fracasando.

14. No saber manejar los comentarios negativos apropiadamente

Para eso es necesario que de antemano sepa quién será la persona encargada de manejar las críticas y hacerle frente a las crisis. Recuerde que saber aceptar los comentarios negativos le dará una buena reputación online a su empresa; pero tenga presente elaborar un manual de manejo de crisis.

15. Creer que las redes sociales son sólo cuestión de tecnología, y no de sociología y psicología

No se necesitan grandes conocimientos tecnológicos para tener éxito en las redes sociales; simplemente saber cómo "conversar" con nuestros clientes, y para eso tenemos que conocerlos muy bien, saber qué les gusta, qué les disgusta, etc.

16. Creer que un producto malo con una buena campaña de social media se salvará

Cuando por el contrario, visibilizará aún más sus debilidades.

17. No darle la verdadera dimensión al "boca a boca" o recomendaciones de los usuarios

Ese "boca a boca" sigue siendo la forma más confiable de los usuarios de obtener información sobre servicios y productos por parte de sus familiares y amigos.

18. Tener presencia en las redes sociales cuando existen problemas internos dentro de la empresa

En ese caso es mejor esperar a que se resuelvan, porque los comentarios de algunos empleados resentidos pueden dañar mucho la reputación de la empresa.

19. Tratar como directivo, de cuestionar frecuentemente las propuestas y el trabajo de los profesionales a cargo de las redes

Esto generará desconfianza y alterará la dinámica de la relación, convirtiéndola en una puja de poderes con resultados desastrosos.

20. No corregir los errores

La posibilidad de monitoreo brinda la opción de corregir errores en tiempo real; sin embargo hay muchas empresas que se aferran a su plan inicial, con lo cual lo único que hacen es precipitar su caída al abismo.

En el siguiente capítulo veremos el blog: Un medio virtual que nutre a las redes sociales.

Capítulo 3

Historia de éxito del blog

Según Wikipedia el blog moderno es una evolución de los diarios en línea, donde la gente escribía sobre su vida personal, como si fuese un diario íntimo pero en red.

Justin Hall, quien creó en 1994 su blog personal, mientras era estudiante universitario, es conocido como uno de los precursores del movimiento bloguero en el mundo.

El término "weblog" fue acuñado por el webmaster Jorn Barger el 17 de diciembre de 1997 para describir su propio blog. Sin embargo, la forma corta, "blog", se debe a Peter Merholz, quien en 1999 dividió la palabra weblog en la frase we blog y la puso en su blog Peterme.com.

Rápidamente fue adoptado tanto como nombre y verbo, (asumiendo "bloguear" como "editar el weblog de alguien o añadir un mensaje en el weblog de alguien").

Tras un comienzo lento, los blogs fueron ganando popularidad rápidamente: el sitio Xanga, lanzado en 1996, sólo tenía 100 blogs en 1997; sin embargo, a finales del 2005 ya contaba con más de 50 millones. Desde 1999 el uso de los blogs se ha ido generalizando, especialmente cuando se han creado varias herramientas para su alojamiento.

» ¿Qué es un blog?

Según Wikipedia, un blog es un sitio Web periódicamente actualizado que recopila cronológicamente textos o artículos de uno o varios autores; apareciendo primero el más reciente, donde el autor conserva siempre la libertad de dejar publicado lo que crea pertinente. En español también se le llama bitácora.

El blog corporativo es el pilar de cualquier plan de "Social Media".

» ¿Cuáles son las diferencias entre una página Web y un Blog?

Muchas personas tienden a confundir estos dos conceptos, por lo que he preparado una tabla para ver las diferencias entre ambos.

» Cifras de blogs

- 152 millones de blogs hay en el mundo (a finales del 2010 según Pingdon)
- El 22% de la lista de empresas de Fortune tiene blog (The Center of Marketing University of Massachusetts)
- El 45% de las Inc 500 cuenta con un blog (The Center of Marketing University of Massachusetts)
- El 80% de las empresas sin fines de lucro ya tienen su blog (The Center of Marketing University of Massachusetts)

PÁGINAS WEB	BLOGS
Internet 1.0	Internet 2.0"
Necesitan conocimiento en programación para crearse	No necesitan conocimiento de programación para crearse, porque tienen unas plantillas prediseñadas
Por lo general generan gastos de creación, mantenimiento y seguridad	Son gratis
Su sistema de administración permite que una sola persona manipule su actualización	Se pueden actualizar fácilmente, incluso desde un celular
En la mayoría, su contenido no sufre grandes cambios	En la mayoría, su contenido no sufre grandes cambios
En la mayoría, su contenido no sufre grandes cambios	En la mayoría, su contenido no sufre grandes cambios
No permite una interacción total de los usuarios entre sí, ni de ellos con los editores de la página	Permite la interacción de los usuarios entre sí y de ellos con el editor del blog, prácticamente sin limitaciones

Según Alexa, una compañía de información de Internet (www.alexa.com), Blogger es el quinto site más visitado en la Web y Wordpress ocupa el lugar 21.

» 7 claves para poner en marcha su blog

Recuerde que tanto un blog como una página Web son los lugares donde más información podrá desplegar sobre usted y su negocio, así que aprovéchelo!

Puede abrir su blog en Blogger, un sistema de contenidos diseñados para personas con conocimientos limitados en estos temas; pero que desean contar con su propio espacio virtual o el de su empresa.

También puede hacerlo en Wordpress, una plataforma diseñada para personas con conocimientos más profundos en este tema; así como de configuración de dominios, hostings, entre otras cosas.

Ambas herramientas de alojamiento son gratuitas. Personalmente para un blog corporativo prefiero el de Wordpress.

Una vez ya ha creado su blog en Blogger o Wordpress, estas claves le ayudarán a ponerlo en marcha:

1. Si aún no tiene un dominio, búsquelo, cómprelo y luego conéctelo a su blog. De ser posible, trate de registrarse en todas las redes sociales con el mismo nombre.
2. Identifique sus objetivos, a quién va dirigido, cuál va a ser su función. De estas respuestas dependerá su formato y contenido.
3. Mire los blogs de sus competidores, seguramente encontrará lo que se debe y no se debe hacer.
4. Personalice su diseño. Si ya tiene una página Web o presencia en otras redes sociales, trate que los colores y la apariencia sean coherentes con su blog. Le recomiendo que compre plantillas Premium para lograr un efecto más profesional.
5. Antes de empezar a escribir configure el blog, crée las páginas e instale las aplicaciones más importantes.
6. Planifique la periodicidad con la cual le va a dar mantenimiento a su blog.
7. Incluya los links a su página Web y a los perfiles sociales en los que está presente.

» El vocabulario del blog

- **Blog:** contracción de las palabras Web y log en inglés.
- **Blogosfera:** se refiere al conjunto de blogs agrupados con un criterio definido.
- **Blogger o bloguero:** Autor de un blog.
- **Bloguear:** Acción de escribir en un blog.
- **Blogroll:** Listado de enlaces a otros blogs.
- **Comments o comentarios:** Son las entradas que pueden hacer los visitantes del blog, donde dejan opiniones sobre la nota escrita por el autor.
- **Fotolog o fotoblog:** Unión de foto y blog un blog fotográfico.
- **Post, entradas o entry:** Textos que el autor publica, puede estar acompañado de fotos y videos.

- **RSS** (Really Simple Syndication): Sistema que permite a los blogueros recuperar la información que se edita en otros blogs.
- **Talkback:** Comentarios y reacciones que dejan las personas que han leído el post del autor.
- **Troll:** Una persona o un grupo de personas que se divierten llevando las conversaciones a temas polémicos.
- **Weblog:** El primer término con el que se denominó al blog.

» Elementos interesantes que integran un blog

- **Etiquetas:** Son usadas dentro de un mensaje cuando se quiere referir a un tópico específico.
- **Nube de etiquetas:** Es una columna con palabras usadas en el blog, previamente etiqueteadas. Las que aparezcan en mayor tamaño, son las más repetidas en las entradas del blog.
- **Calendario:** Es muy útil para ver las entradas en un día determinado.
- **Recopilación cronológica:** Sirve para ver las últimas entradas incorporadas.
- **Recopilación de las entradas:** Ayuda a saber cuáles son las entradas que más visitas recibe.
- **Fotografías y videos:** Le da un valor agregado a la información escrita.

» 10 diferencias entre un blog corporativo y uno personal

1. El blog personal es la voz de un individuo, mientras que el corporativo es la voz de una empresa; pero de una manera más humana que en su Web site empresarial.

2. La temática de un blog corporativo debe ser más cuidada que el personal, porque está en juego la reputación online de la compañía.

3. Un blog personal puede crear polémica alrededor de temas delicados, como religión, política, discriminación, etc. Un blog corporativo tiene prohibido hacerlo.

4. Un blog personal habla de temas de su interés personal. Un blog corporativo habla de todos los temas relacionados a su empresa y también de su sector.

5. El lenguaje de un blog personal tiende a ser más informal que el de uno corporativo.

6. La redacción y la ortografía deben ser más impecables en el blog corporativo que en el personal.

7. El blog personal puede actualizarse cuantas veces quiera su autor. El corporativo debe limitar este aspecto, para no saturar a sus usuarios.

8. El diseño del blog personal puede ser cambiado por su autor cada vez que lo desee. Mientras que cualquier cambio que se le haga al corporativo debe corresponder a una estrategia, previamente definida.

9. En un blog personal el autor es libre, de acuerdo a su criterio, de contestar o no los comentarios que sus usuarios le dejan allí. En uno corporativo sería imperdonable no hacerlo.

10. En el blog personal los recursos multimedia pueden ser utilizados de acuerdo a los gustos de la persona. En el blog corporativo todos los recursos multimedia deben estar orientados a cumplir objetivos específicos de comunicación.

» Los 5 mejores blogs corporativos del mundo

Quiero compartir con ustedes un estudio que hizo Mark Schaefer, mientras estaba en el Programa de Marketing en Social Media en Rutgers University, sobre los 10 mejores blogs corporativos del mundo, de los cuales escogí cinco. Algunas de las conclusiones de Schaefer son bien interesantes:

» Los mejores blogs corporativos están dominados por el sector tecnológico.
» IBM, SAP y Oracle son ejemplos de blogs innovadores y sorprendentes.
» Los blogs corporativos deben ir más allá de la idea del diario personal.
» Piense en cualquier objetivo de una compañía y ese puede ser la base de su blog. Se sorprendería con la diversidad de blogs con este ejemplo.

Sin un orden particular, según el autor del estudio, estos son cinco ejemplos de blogs excepcionales no ligados a empresas de tecnología.

1. CATERPILLAR ■ https://caterpillar.lithium.com/

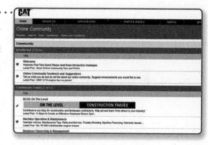

Objetivos: Resolución de problemas de clientes, construcción de su propia comunidad de usuarios y fomento de lealtad.
Caterpillar ofrece enlaces separados con base en el tipo de industria: construcción, eléctrico y marítimo, con sub-categorías: productos, seguridad y resolución de problemas.
Clave: Esta compañía hace un trabajo excepcional a la hora de atraer clientes, usando a su comunidad para resolver problemas y gratificando las ideas del cliente.

2. STARBUCKS ■ http://mystarbucksidea.force.com/

Objetivos: Desarrollo de nuevos productos y fomento de compromiso.

Por regla general, las empresas bien administradas tienen éxito y Starbucks no es la excepción. Aunque está a la vanguardia en el marketing de social media, sorprende ver que su blog no tiene nada que ver con su producto estrella: el café.

Starbucks utiliza su blog como una plataforma de intercambio de ideas, en la cual sus clientes envían sugerencias sobre nuevas bebidas, comida que quieren que vendan allí, empaques, etc.

Clave: La iniciativa de muchos blogs corporativos de pedirle a sus usuarios que envíen ideas relacionadas con la empresa y que estas sean comentadas en la misma comunidad, es brillante.

3. MARRIOTT ■ http://www.blogs.marriott.com/

Objetivos: Satisfacción al cliente, ventas y manejo de crisis.

Bill Marriott es uno de los blogueros corporativos más famosos del mundo. Sí, es el propio presidente de la compañía, quien escribe sus propios mensajes semanalmente.

Clave: El compromiso personal de su presidente se ha traducido en seguidores leales, que agradecen recibir el tiempo y el compromiso de un alto ejecutivo. Un poderoso punto de diferenciación. La compañía ha informado que ha generado millones en ventas directas desde este blog.

4. WEGMANS ■ http://www.wegmans.com/blog/

Objetivos: Ventas directas y fomento de lealtad.
Esta cadena de supermercados regional está tratando de llamar la atención con un blog divertido y sencillo de navegar. El diseño del blog cambia cada cierto tiempo, reflejando los temas y colores de temporada. A base de trabajo, la empresa ha logrado atraer a un público fiel y comprometido al blog, a través de los mensajes de su presidente, Danny Wegman y otros empleados de la tienda, que exponen sus propias ideas sobre entretenimiento en el hogar, recetas y nutrición.

Clave: Ser un blog divertido, pensando en la familia y con un compromiso auténtico por sus usuarios.

5. MANPOWER ■ http://www.manpowerblogs.com/

Objetivos: Liderazgo.
Así es como el bloguero Marcos Toth describe la misión de este blog: "Cuando le preguntamos a los visitantes del sitio Web de Manpower cuáles eran sus inquietudes, la respuesta más repetida fue la búsqueda de empleo. Este blog intenta satisfacer esa demanda, además de ofrecer un contenido atractivo y educativo".

Clave: Haber escuchado a sus clientes y creado un blog en torno a sus necesidades de información. Parece una idea muy simple, pero desafortunadamente es ignorada por la mayoría de empresas en el mundo.

» 10 estrategias para tener éxito con un blog corporativo

1. Cuando escriba en su blog tenga en cuenta que este tiene una naturaleza social y usualmente quien lee blogs, tiene su propio blog.

2. Tenga claro que el blog no necesariamente es un canal de ventas directo y su objetivo es promover comentarios positivos, que indirectamente las generen.

3. Complemente el blog con su página Web empresarial. Precisamente por las grandes diferencias entre las dos plataformas, hacen un matrimonio perfecto. El blog puede llegar a ser el rostro humano de su corporación.

4. Debido a que se puede actualizar tan fácil y rápidamente, use el blog como el principal alimentador de las redes sociales. Cuando vaya a hablar sobre su empresa, marca o servicios en social media, incluya un enlace a la información que usted escribió en su blog.

5. No copie y pegue textos de otras personas en su blog, sin su previa autorización. Sin embargo, en temas como estudios, informes y estadísticas, cuyos autores prefieren su amplia difusión, normalmente con mencionar la fuente es suficiente.

6. No copie y pegue fotografías. Por regla general yo no publico fotos en mi blog que no sean tomadas por mí. Recuerde que estas también están protegidas por la propiedad intelectual.

7. Sea constante a la hora de crear contenido, no deje pasar mucho tiempo sin hacerlo, podría dar una mala imagen de su empresa.

8. Sea cuidadoso con el uso del lenguaje, su ortografía y redacción deben ser excelentes.

9. Instale Google Analytics, es gratis y le servirá para medir el tráfico de su blog.

10. Oiga con atención los comentarios y si algunos son negativos, sea ecuánime a la hora de contestarlos.

» 13 herramientas útiles para abrir un blog corporativo

- PARA TENER UN BLOG (GRATIS)
  www.wordpress.com
  www.blogger.com

- PARA COMPRAR UN DOMINIO (DESDE U$ 10 EL AÑO)
  www.godaddy.com
  www.namecheap.com
  www.//mi.com.co (Si va a comprar dominios colombianos, con la terminación co, este es el lugar más barato)

- PARA COMPRAR PLATILLAS PROFESIONALES QUE PERSONALICEN EL BLOG
  http://www.elegantthemes.com/
  http://www.gabfirethemes.com/
  http://themeforest.net/
  www.templatemonster.com
  http://www.woothemes.com/

- **PARA MEDIR EL TRÁFICO DEL BLOG (GRATIS)**
www.google.com/analytics/

- **PARA SABER QUÉ SE DICE SOBRE EL BLOG (GRATIS)**
www.google.com/alerts
http://www.blogpulse.com

En el próximo capítulo vamos a hablar de uno de mis temas preferidos: Twitter y sus poderosos 140 caracteres.

Capítulo 4

La historia de éxito de Twitter

La historia de éxito de Twitter arranca a principios del 2006, cuando un grupo de jóvenes emprendedores empleados de Odeo Inc, una empresa de podcasting en San Francisco, California, se vio en la necesidad de reinventarse y buscar un nuevo concepto, ante la presión de la competencia de Apple y otras grandes empresas.

En una de esas extenuantes "Lluvias de ideas", uno de ellos, Jack Dorsey, habló sobre un servicio que usara SMS, a través de la Web, para mantener a un grupo de gente informado sobre lo que se estaba haciendo. La simpleza del concepto cautivó al grupo y fue así como se hizo el primer prototipo.

El paso siguiente fue encontrar el nombre perfecto y aunque surgieron varias alternativas, finalmente se decidieron por Twitter. Un nombre, que según Dorsey, era ideal, pues twett significa en inglés el trino de un pájaro, por lo que Twitter podría traducirse como "una corta ráfaga de información intrascendente".

Finalmente, después de varias modificaciones, el 21 de marzo del 2006 Dorsey envió el primer mensaje que decía "just setting up my twttr" (sólo ajustando mi twttr).

Esa misma versión fue utilizada entre los empleados de Odeo como un servicio interno, hasta que en julio del 2006 Twitter fue lanzado al público.

» ¿Qué es Twitter?

Cada cual tiene su propia definición de Twitter, de acuerdo al uso que hace de él. La más común es afirmar que es un híbrido entre red social, correo electrónico y mensajería de texto –SMS–. Un concepto que funciona muy bien para quienes lo usan para expresar sus estados de ánimo, compartir su opinión sobre un tema específico o simplemente para socializar con sus amigos de la red. Personalmente, y como periodista, creo que Twitter va MUCHO más allá.

Twitter se ha convertido en un poderoso medio de comunicación, que le permite a un ciudadano cualquiera o a la empresa periodística más importante del mundo, publicar contenido en tiempo real.

Definitivamente, Twitter es sinónimo de instantaneidad y esa capacidad de replicar rápidamente información en tiempo real, hace que muchos mensajes aporten, en sí mismos, un contenido muy importante.

Twitter también es una excelente herramienta de mercadeo de doble vía para las empresas. Por un lado les da la posibilidad de ofrecer sus productos y promociones y por otro tener la retroalimentación de sus clientes y así brindar un buen servicio al cliente. Tal y como lo hizo Whirpool conmigo, cuando se dio cuenta que yo estaba inconforme. ¿Recuerda mi caso en la introducción del libro?

Por ello Twitter es, de lejos, el servicio más exitoso de "microblogging" disponible y quienes trabajan en mercadeo necesitan conocerlo y aprovecharlo.

Para los consultores y profesionales independientes, Twitter es un instrumento indispensable para conocer a su competencia, tener visibilidad y, especialmente, vender sus servicios de la mejor manera posible. Por otra parte, las celebridades y los artistas han encontrado en este medio social, un canal importantísimo para conectarse con sus seguidores instantáneamente.

Twitter también funciona muy bien para los políticos, quienes lo aprovechan para difundir su mensaje masivamente a un costo relativamente bajo, comparado con las cifras que se manejan en las campañas políticas.

» Cifras de Twitter

Se calcula que esta red tenía en abril del 2011 un poco más de 200 millones de usuarios (dato estimado pero no oficial de Twitter). Sin embargo las siguientes cifras se dieron a conocer en marzo del 2011 por parte de Twitter al cumplir 5 años de existencia:

- 3 años, 2 meses y 1 día se tardó Twitter para llegar a mil millones de tweets y 1 semana es el tiempo que actualmente se tardan los usuarios para llegar a esa misma cifra.
- A principios del 2010 el número promedio de tweets que las personas enviaban por día era de 50 millones, en febrero del 2011 el número fue de140 millones y en marzo del 2011 subió a 177 millones de tweets diarios.
- 543 mil es el número récord de nuevas cuentas creadas en un día (11 de Marzo del 2011).
- 182% fue el aumento en el número de usuarios móviles de Twitter en el último año.

» Los países que más visitan la página de Twitter

Según Alexa, una compañía de información de Internet (www.alexa.com), Twitter es la novena página más visitada de la Web.

Los países con más visitantes en su página son: Estados Unidos, Japón, India, Gran Bretaña, Alemania, Brasil, España, Rusia, Canadá y México.

Twitter es la séptima plataforma más visitada en Estados Unidos, la novena en España y la décima en México.

Los hispanos, quienes más usan Twitter en Estados Unidos

Un estudio del Centro Pew reveló que quienes están usando más Twitter en Estados Unidos son los hispanos. Pues mientras el porcentaje de hispanos es de 18%, el de afroamericanos es de 13% y el de blancos no hispanos es de apenas un 5%.

En México hay alrededor de 4 millones de usuarios de Twitter

Otro interesante informe, realizado por Mente Digital, mostró que en México, -el país hispano parlante, según datos de Alexa, con más presencia en la red-, hay un poco más de 4 millones de usuarios totales de Twitter.

De los cuales alrededor de la mitad son activos (que han tenido movimiento en los últimos 60 días).

El estudio mostró también, que el 14.4% de los usuarios de la Web en México están en Twitter y que solamente el 7.2% de las cuentas mexicanas en Twitter pertenecen a empresas.

Otro dato interesante es que los martes de 10 AM a 1 PM y 4 PM a 7 PM es cuando más actividad se registra en Twitter en México y que la mayoría de usuarios (52%) son mujeres.

El 0.05% de los usuarios escriben el 50% del contenido de Twitter

De otra parte, un reciente informe de Yahoo reveló que de 260 millones de tweets analizados, casi el 50%, es decir alrededor de 130 millones de tweets, fueron creados por el 0.05 de los usuarios, a los que Yahoo ha denominado la "elite".

Esto significa que solamente 10,000 usuarios de los 200 millones que están registrados, son los que realmente están liderando esa red.

Aunque el estudio fue muy criticado por usar una muestra muy pequeña, (menos del número de tweets que se publican en dos días), es una interesante primera aproximación a lo que está pasando al interior del mundo del pajarito azul.

Estos datos muestran una oportunidad para las marcas y empresas, de hacer la diferencia y ser proactivos a la hora de publicar contenido que le interese a sus seguidores de Twitter.

No mucha gente lo está haciendo aún y recuerden que el que pega primero, pega dos veces.

» ¿Cómo funciona Twitter?

La estructura de Twitter es muy sencilla y el servicio es gratuito. A través de la página Web usted abre una cuenta desde la cual puede enviar o recibir mensajes o "tweets", en tiempo real, es decir, instantáneamente.

Estos mensajes tienen un límite de 140 caracteres –con espacios-, y pueden ser públicos o privados. En estos caracteres se pueden incluir enlaces, fotos, audios, videos, mapas y/o texto.

En este juego hay tres tipos de participantes: usted, quienes lo siguen y aquellos a quien usted decide seguir. La forma de comunicación de todos es a través de mensajes y el medio es un canal abierto y público llamado Twitter.

Si bien es importante seguir a un número importante de usuarios, el principal objetivo es crear una sólida base de seguidores, pues solamente ellos recibirán sus mensajes.

Cabe aclarar que aunque se trata de conseguir un gran número de usuarios, no es tan importante cuántos sean, sino qué tan beneficiosos lleguen a ser para usted y su negocio.

En Twitter también puede enviar y recibir mensajes directos privados y puede bloquear sus mensajes para que solamente los vean las personas que usted quiera. Además, esta red ha facilitado la forma de encontrar y seguir cuentas de Twitter relacionadas con sus intereses. Ahora, cuando busca por tema, podrá tener acceso a cuentas que son relevantes para ese tema en particular (Anteriormente sólo veía cuentas que contenían el término específico en su nombre real o nombre de usuario).

Lo único que tiene que hacer es clic en la sección "Cuentas" de los resultados de búsqueda o buscar desde la página de "A quién Seguir".

Twitter dispone de una API (una interfaz de programación de aplicaciones) abierta, que permite integrar la Internet con los teléfonos celulares vía SMS o a través de programas de mensajería instantánea o incluso desde cualquier aplicación de terceros, como Facebook, Tweetie y Twinter, entre otros.

» 6 Pasos para crear una cuenta corporativa en Twitter

Le recomiendo que antes de mandar el primer tweet, esté seguro que su cuenta está completamente lista para "presentarse en sociedad".

1. Vaya a www.twitter.com

Tenga en cuenta que Twitter ha cambiado su página de inicio, la cual se está extendiendo poco a poco entre los usuarios.

La nueva página destaca más los seguimientos de contenidos y, a pesar de haber eliminado los tops weets, siguen apareciendo las cuentas más activas e importantes por idioma. Seguramente este será el abrebocas a una serie de cambios en materia de diseño, para sus páginas.

Antes

Ahora

2. Seleccione el idioma

Si los usuarios de sus servicios son iberoamericanos, lo mejor es que la abra en español. Todas las referencias y recomendaciones que Twitter realiza en este idioma son con base en usuarios hispanos.

Sin embargo, el hecho de que su cuenta se haya abierto en español, no le impide tener seguidores de otras regiones del mundo, ni escribir Tweets en otros idiomas.

3. Regístrese y escoja el nombre

El nombre debe ser de fácil recordación, corto (no más de 15 caracteres) y asociado a usted y/o a su negocio.

4. Configure la cuenta

Estos son algunos de los aspectos más importantes de la configuración:

- **Ubicación del Tweet:** Aquí entra el concepto de geolocalización, que no es otra cosa que incluir la información del sitio donde usted se encuentra mientras está enviando un tweet. Esta opción se puede cambiar en cualquier momento y también se puede borrar el historial de sus localizaciones.
Me voy a detener aquí un momento para recomendarle una aplicación fundamental a la hora de escoger los tweets de sus seguidores, que quiere leer con base en su ubicación; se llama Twitter Nano http://www.twitternano.com/
Este mashup de Google maps y Twitter filtra los tweets según la zona del mapa en que nos situemos, mostrando los que están ubicados en ese sitio.
Podría ser muy útil para saber los comentarios que ha recibido su producto en Santiago de Chile, por ejemplo.

- **Archivos de medios:** Esta función le permitirá ver archivos de medios de cualquier usuario en Twitter.

- **Privacidad:** Al marcar esta opción estará protegiendo sus tweets, de tal forma que solamente los usuarios que usted apruebe serán los únicos que verán sus tweets. Yo no estoy de acuerdo en marcar esta alternativa, porque limita la visibilidad de sus mensajes y eso, en una cuenta empresarial, es contraproducente. Sin embargo, si su idea es crear una red sólo para los empleados de su empresa, esta opción le dará esa posibilidad.

- **Solo HTTPS:** Optar por esta alternativa no es obligatorio, pero los expertos en seguridad creen que es una buena idea, pues minimiza los riesgos de que los hackers roben las contraseñas de quienes se conectan a Twitter a través de conexiones WiFi abiertas.
  HTTPS significa en español Protocolo Seguro de Transferencia de Hipertexto, y establece un canal seguro dentro de una conexión de Internet, comprobando la autenticidad de un sitio Web con algunas autoridades que los certifican.

- **Conecte su móvil a la cuenta;** si no tiene un teléfono inteligente, podrá mantener su cuenta a través de mensajes de texto.

5. Configure su perfil

- **Imagen**
  Es una parte fundamental de su presencia en Twitter, es la forma en que los usuarios le encontrarán y le reconocerán, ahora y en el futuro. HubSpot, una empresa desarrolladora de software, hizo un estudio con 9 millones de perfiles en Twitter y concluyó que las cuentas con una imagen en su perfil tienen en promedio 10 veces más seguidores que las personas que no la tienen puesta. La razón: generan confianza, un factor clave para establecer un diálogo franco.

Además, las cuentas sin imagen, por lo general, suelen ser confundidas por los usuarios con spam (información no solicitada, enviada por Internet en cantidades masivas, generalmente de tipo comercial). Así que identifíquese, ya sea con una foto suya, si es profesional, o con una foto o logo relacionados con su empresa o marca. Tenga en cuenta que el espacio para encuadrar la foto es reducido.

- **Nombre**

Le recomiendo que use su verdadero nombre o como quiera que se le conozca dentro de la plataforma; pues esto le ayudará a ser encontrado más fácilmente por otros usuarios que hagan una búsqueda en Twitter.

- **Ubicación**

El tema de la localización geográfica también es muy importante. Lo que debe hacer es establecer si sus productos o servicios están relacionados con el área en que vive. En algunos casos es recomendable ser muy específico, pues algún usuario podría tomar la decisión de seguirlo, basándose en el lugar donde usted se encuentra, con el interés de ampliar su radio de acción. Sin embargo en otros la localización podría hacer pensar a los posibles usuarios que su trabajo solamente se limita al lugar en donde está localizado.

- **Web**

Incluya un link, bien sea en su página Web o en su blog. Esto es indispensable para que los usuarios que quieran saber más sobre su empresa, producto o servicios, puedan hacerlo fácilmente. Además le da seriedad a su imagen, lo que contribuirá a construir su comunidad en forma más sólida.

Si tiene una página y un blog, escoja uno de ellos para el perfil, pues sólo hay espacio para un enlace, aunque siempre existe la opción de escribir el otro en la parte de biografía.

- **Biografía**

A la hora de escribir la información en su biografía trate de seguir las siguientes recomendaciones:

1. Use información relevante sobre su empresa o su carrera profesional.
2. No se promocione como un experto a menos que lo sea.
3. Recuerde que tiene un máximo de 160 caracteres, incluyendo los espacios.
4. Sea lo más descriptivo posible y recuerde que las palabras que use se convertirán en "Keywords" o palabras claves (términos de búsqueda que los usuarios de Internet usan en los buscadores para encontrar información).
5. Haga que su producto, marca o servicio se vea interesante.
6. Escriba el texto de la manera más profesionalmente posible, sin errores gramaticales ni ortográficos.
7. Debe tener dos o tres frases.
8. La última frase puede tener algún elemento divertido o personal.

6. Configure su diseño

Una de las cosas más importantes a la hora de tener una presencia profesional en Twitter es tener un background o fondo único. Aunque Twitter le ofrece una variedad limitada de backgrounds o fondos para su página, mi recomendación es

que no se quede con ninguno de ellos, porque son usados por millones de usuarios y lo que usted necesita es sobresalir.

Si tiene un blog o una página Web, trate de usar los mismos colores, logos y formatos. Para que haya uniformidad y su página de Twitter se vea más profesional y coherente.

Estas son algunas de sus opciones a la hora de configurar el diseño de su página:

- Descargue imágenes de fondos en algunos de estos sitios; unos son gratis y otros tienen un costo:
  http://twitpaper.com/
  http://www.twitrbackgrounds.com/
  http://www.twitbacks.com/
  http://twitrounds.com/

- Si no encontró ningún fondo que le gustara, siempre está la opción de ir a Google y escribir backgrounds Twitter y encontrará muchas más opciones.

- Otra alternativa sencilla es que tome una foto de su archivo, sea suya, de su producto, su empresa o su ciudad favorita y la convierta en el fondo de la página de Twitter; eso la hará única.

» Vocabulario de Twitter

Alrededor de Twitter y su uso ya hay todo un lenguaje. Conocerlo y manejarlo adecuadamente puede hacer la diferencia entre tener éxito o no, en su estrategia con este medio social.

Notará que aunque su página está en español, hay varias palabras en inglés, por lo que es necesario familiarizarse con los términos más usados en ambos idiomas.

Estas son algunas de las palabras y expresiones más usadas en Twitter. Muchas de ellas son creación de los propios usuarios, que después fueron incorporadas por la comunidad de Twitter:

- **API de Twitter (Application Programming Interface)**

  Los programadores usan la API de Twitter para hacer las aplicaciones, sitios web, los widgets, y otros proyectos que interactúan con Twitter.

- **Cronología (Timeline)**

  Es la lista de tweets que publican los usuarios que usted sigue, por orden cronológico; para muchos no es más que su página principal de Twitter.

- **Etiquetas, Palabras Clave # (Hashtags)**

  Se usan dentro de un mensaje cuando se quiere referir a un tópico específico. El fin es que el mensaje pueda ser encontrado por otros usuarios cuando hagan una simple búsqueda de esta etiqueta en la barra de búsqueda del Twitter. El símbolo # va antecediendo la palabra clave. Por ejemplo: "#Tsunami". Al escribir el símbolo de # antes que Tsunami, cualquier usuario que busque los tweets con el tema de Tsunami, podrá verlo.

- **Favoritos**

  Cuando usted lee un tweet hay una estrella debajo que, al oprimirla, se vuelve amarilla. Al hacerlo habrá seleccionado ese tweet dentro de sus favoritos, que después podrá ver en orden cronológico.

- **Follow Friday**

  Todos los viernes se acostumbra a recomendar una serie de usuarios que se consideran interesantes. A esta actividad se le llama FollowFriday, siendo identificada por la etiqueta #FF o #FollowFriday.

- **Geek**

  Es una persona que tiene una gran fascinación, quizás obsesiva, por la tecnología e informática.

- **IM (Instant Message)**

   Significa mensaje instantáneo, es decir, mensajería instantánea como Messenger, por ejemplo.

- **Listas**

   Cada usuario tiene la opción de clasificar en listas a las personas a las que sigue; así que ese número que usted ve al lado de las listas en su página, significa la cantidad de listas en las que usted o su empresa se encuentra.

- **Menciones**

   Le enseña los tweets que han mencionado su nombre; le recomiendo que lo revise periódicamente para que sepa qué es lo que se dice de usted.

- **Mensajes directos, DM (Direct Messages)**

   Son mensajes privados y sólo puede verlos la persona que los recibe. Únicamente puede enviarlos a sus seguidores. La letra D es usada para enviarle mensajes directos a alguien D@ anamjaramillo, por ejemplo.

- **Tweets Promovidos (Promoted Tweets)**

   Son los tweets que las empresas le pagan a Twitter para que aparezcan destacados en la cronología.

- **Temas del momento promovidos (Promoted Trends)**

   Son la oportunidad para que los tweets promovidos se puedan relacionar con los primeros lugares de las listas de temas del momento.

- **Cuentas Promovidas (Promoted Accounts)**

   Son las cuentas y seguidores que Twitter le sugiere porque son similares a la suya y podrían interesarle.

- **¿Qué está pasando? (What's happening?)**

  Es el espacio en el que debe escribir su tweet.

- **Retweets**

  Son los mensajes reenviados a otros usuarios, la mayoría de las veces por poseer un contenido interesante.

- **Retwittear (Retweet)**

  Es la acción de los retweets, su forma abreviada es RT.

- **Siguiendo (Following)**

  Son los usuarios que usted decide seguir y de quienes recibirá los tweets o mensajes en su "Cronología".

- **Seguidores (followers)**

  Son los usuarios que le siguen y quienes leen los tweets que usted escribe.

- **Símbolo @**

  Va antecediendo el nombre de un usuario, por ejemplo: @ anamjaramillo. Se usa cuando se quiere responder a alguien o si se desea enviar algún mensaje a través de Twitter.

- **Spam**

  Información no solicitada enviada por Internet en cantidades masivas, generalmente de tipo comercial.

- **Temas del momento (Trending Topics)**

  Hace referencia a los tópicos más coyunturales del momento según Twitter.

  Tiene la opción de cambiar de país o de ciudad, para que aparezcan los temas más populares de ese lugar o dejarlo con la opción de global.

- **Tweet**

  Es el mensaje escrito en Twitter y tiene un límite de 140 caracteres – incluidos espacios.

- **Tweetup**

  Es una reunión no virtual organizada a través de Twitter. Usualmente lleva el nombre de la ciudad donde se lleve a cabo el encuentro y es una herramienta muy usada por las empresas.

- **Widgets**

  Es una pequeña aplicación o programa, usualmente presentado en archivos o ficheros pequeños, que puede interactuar con servicios e información distribuida en Internet. Un ejemplo de Widget, es la ventana con información del clima en su ciudad, que puede tener en la pantalla de su computadora.

» Servicios de Twitter que podrían ayudarle a tener éxito como empresa

Twitter cuenta con algunos servicios para ayudarle a las empresas en su estrategia de marketing digital.

Promoted Tweets o Tweets Promovidos
https://business.twitter.com/advertise/start

Este servicio de Twitter no es otra cosa que pagarle para promocionar un tweet.

Los anunciantes ven su aviso como un tweet común, por lo que podrá volverse favorito, retwitteado y respondido. La ventaja es que será destacado por Twitter y si la respuesta de los usuarios es negativa, desaparecerá.

Al promover un tweet, los usuarios podrán encontrarlo entre los resultados de búsqueda, a través de alguna de las palabras claves incluidas en él.

Los tweets promovidos se ofrecen con base al Cost-per-Engagement (Costo por participación, CPE en Inglés). Sólo se paga cuando un usuario hace retweet, responde, hace clic o convierte en favorito uno de tus tweets promovidos.

Según Twitter, al igual que con los tweets regulares, los usuarios tienden a interactuar más con aquellos tweets promovidos que tienden a ser inteligentes, conversacionales, frescos y oportunos, hechos para compartir.

Los Tweets Promovidos son ideales para:
- Compartir contenido y crear interés inicial
- Conseguir presencia entre públicos relevantes
- Construir la voz de su marca
- Hacer ofertas

Promoted Trends o Temas del momento promovidos

Los temas del momento promovidos, son la oportunidad que tienen los tweets promovidos de relacionarse con los primeros lugares de las listas de temas del momento. Cuando el usuario hace clic en se tema, será llevado a la conversación que contiene ese término, mostrando los tweets promovidos al tope de la cronología. Gracias a su posición, los temas del momento promovidos obtienen una exposición masiva, por lo que son ideales para comenzar una discusión o amplificar una conversación en Twitter y más allá.

Los temas del momento promovidos son ideales para:
• Despertar interés masivo
• Lanzar productos o eventos
• Construir una marca por asociación

Promoted Accounts o Cuentas Promovidas

Las cuentas promovidas ayudan a potenciar su habilidad de conseguir nuevos seguidores en Twitter.

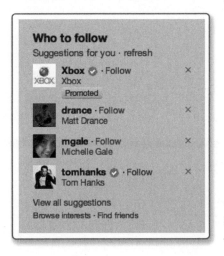

Ya sea que se esté preparando para un gran evento o lanzamiento de producto, o sólo buscando expandir su presencia en la Web, el construir una base fuerte de seguidores de Twitter le ayudará a compartir su contenido y a amplificar su mensaje.

Parte de las recomendaciones de Twitter en "A quién seguir", son las cuentas promovidas, las cuales destacan en su cuenta a usuarios que probablemente le encontrarán interesante.

Twitter observa su cuenta y seguidores para identificar cuentas y seguidores similares. Los usuarios encuentran en las cuentas promovidas una herramienta útil para descubrir nuevos negocios, contenidos y personas en Twitter.

Las cuentas promovidas son ideales para:

- Potenciar el descubrimiento de los usuarios.
- Crear expectativa ante un gran evento o su nuevo lanzamiento de producto.
- Identificar un evento en particular o un período del año cuando la cuenta será más relevante.

Twitter Analytics

https://business.twitter.com/advertise/analytics

Este servicio permite medir, de forma confiable, el tráfico de las cuentas de Twitter. Además, de ofrecer datos relacionados con el comportamiento de los seguidores y seguidos y las veces que un tweet ha sido marcado como favorito y los clics.

También nos da detalles acerca de los usuarios más influyentes que nos hacen retweet; podemos saber cuáles de nuestros tweets han sido más mencionados y retwitteados y cuáles de ellos han sido anteriores al momento en que un usuario nos deja de seguir.

#Teletwitter (Twitter Media)

http://media.twitter.com/

No es un servicio como tal, pero es una tendencia que cada vez se va afianzando más. En Febrero del 2011, el CEO de Twitter, Dick Costolo, declaró en el Mobile World Congress, en Barcelona, que esta red se está convirtiendo en una segunda pantalla para comentar los grandes eventos televisivos. "Estamos volviendo a la televisión en vivo para vivir una experiencia compartida con otros tuiteros", afirmó.

Tanto en España como en América Latina ya hay ejemplos de la integración de estos dos medios que parecen complementarse muy bien. Según Twitter la inmediatez, la participación de la audiencia y el alcance masivo de las imágenes de la TV hacen que la combinación dé resultados sorprendentes.

La integración de Tweets en tiempo real durante la transmisión de un programa, es una herramienta que es utilizada hoy por muchos programas en vivo en España y América Latina, pero algunos han hecho una integración de contenidos que va más allá de presentar los Tweets en la pantalla, según lo afirma la red en su blog.

Algunos ejemplos que Twitter da de esta integración en programas en español son:

- Programa Aquí y Ahora (Univisión): de corte periodístico, busca conocer el impacto de cada tema que toca, preguntándole a sus televidentes su opinión, la cual es compartida al final de cada emisión.
- Programa El Intermedio (La Sexta): integra los Tweets de las celebridades y Twitteros conocidos dentro del contenido del show.
- ProgramaTwision (Veo7): empezó en el 2009 como el primer show basado casi completamente en contenidos compartidos en Twitter y redes sociales. El programa habla de los últimos acontecimientos entre los Twit-

teros e integra aplicaciones y videos compartidos por Twitter.

- Programa La Pecera de Eva (Telecinco): la protagonista de la teleserie tiene una cuenta de Twitter en la que sus seguidores reciben comentarios del personaje mientras se desarrolla el episodio. Se trata de un "extra" para los seguidores, que funciona dentro del contexto inmediato del guión.

- Reality show Gran Hermano 2011 (Telefe) de Argentina: se ha creado una integración con Twitter, en la que los participantes pueden comunicarse con el exterior usando un cliente especial desarrollado para enviar Tweets desde sus cuentas. Los televidentes pueden comentar y promover a sus participantes favoritos usando el hashtag #gh2011. Algunos participantes han conseguido que sus seguidores en Twitter les apoyen hasta con un 70% del voto telefónico.

- Teleserie El Barco (Antena 3): ha desarrollado Twittersodios. Una hora antes de la emisión de la serie, los protagonistas interactúan a través de Tweets de la cuenta del B.E. Estrella Polar, que contienen material adicional, pistas, imágenes, etc. Los seguidores en Twitter pueden tratar de descifrar un misterio diferente cada vez.

Twitter ha desarrollado una guía para su integración con medios de comunicación como la TV y la radio. Esta es su dirección: http://tinyurl.com/4smpw6f (está en inglés).

» Twitter a punto de tener Fan Page?

Dado que en la actualidad hay pocas oportunidades de promoción para las marcas en Twitter, esta plataforma está considerando la creación de páginas empresariales, al estilo de las de Facebook, como parte de su campaña para aumentar los ingresos por publicidad.

A través de las nuevas páginas, los anunciantes podrían enviar mensajes, hechos a la medida del cliente, y funcionarían de una manera similar a las de Facebook. Proporcionando a las marcas su propio espacio para publicar contenido, que anime a los usuarios de Twitter a seguirlas.

» 20 estrategias para tener éxito en Twitter como empresa

1. Entienda que Twitter es una fusión de conversaciones e intercambio de contenido y no cada una por separado.

2. Sea proactivo con los tweets. Yo dejo de seguir a alguien que no es constante en Twitter. Lo ideal es entrar a la plataforma al menos una vez al día, bien sea para escribir algo o reenviar y así mantener una presencia allí.

3. Acorte los links. Debido a la limitación de los 140 caracteres, lo mejor es acortar los links que incluya en su tweet. Puede hacerlo en http://tinyurl.com, el acortador de Geoogle http://goo.gl/ , http://bit.ly o http://is.gd/

4. Busque a través de esta aplicación: www.tweriod.com, cuáles son las horas en las que sus seguidores son más activos, para que usted publique sus tweets en ese tiempo y así tengan más repercusión.

5. Identifique quién lo ha dejado de seguir con www.useqwitter.com, http//who.unfollowed.me/ y www.goodbyebuddy.com

6. Haga que sus mensajes tengan el gancho de un titular de prensa y la mayoría de las veces incluya un link en su blog, en el que se encuentre más información.

7. Inicie conversaciones agradables alrededor de un tema interesante que sea común para todos; y conteste las preguntas de sus seguidores con información útil.

8. Agradezca a sus seguidores cuando compartan contenido interesante. Algunos de ellos le contestarán mencionando su nombre y toda su comunidad de Twitter podrá verlo y lo reconocerá como un miembro importante de ella.

9. Conozca bien a sus seguidores. www.refollow.com le ayudará a descubrir, manejar y proteger su círculo social en Twitter. Saber quién de las personas que usted sigue no lo sigue a usted, quién no tiene foto en su perfil, quién hace tiempo no envía tweets, etc.

10. Aunque no soy muy partidaria de los mensajes automatizados, en caso de una emergencia pueden sacarnos de un apuro. Dos de las mejores herramientas para hacerlos son: http://www.twuffer.com/ y http://www.socialoomph.com/.

11. Incluya links a artículos que haya leído o escrito, videos y otros recursos que logren captar la atención de sus seguidores.

12. Cuando haga un retweet trate de hacerlo sin usar la función de retwittear de Twitter, sino que cópielo y péguelo, así tendrá más visibilidad su nombre. No olvide escribir antes del mensaje RT y la dirección del usuario. No se vale atribuirse mensajes que no son suyos.

13. Deje espacio para el retweet (RT). Si desea que le hagan RT, no escriba más de 120 caracteres, para que así deje lugar a sus seguidores para reenviar su mensaje.

14. Para enviar tweets privados sólo a un grupo determinado de seguidores, use http://www.grouptweet.com/

15. Siga las reglas de cortesía de Twitter, evite la agresividad y no ofenda a nadie.

16. Escoja a quiénes seguir. La mejor manera de darle confianza a sus seguidores y mantenerlos conectados, es siendo muy selectivos con las personas que componen esa red. La mayoría de las personas desconfía de quienes siguen a todo el mundo de manera indiscriminada.

17. Busque que sus mensajes no solamente promocionen su negocio. A nadie le gustan los vendedores insistentes, por lo que seguramente dejarán de seguirlo. Lo mejor es que por cada 10 mensajes que envíe, solamente uno hable de su producto, marca y/o servicio. Los demás, pueden ser información útil externa relacionada o no con su negocio o marca personal.

18. Trate muy bien a sus seguidores, hágalos sentir especiales, comparta con ellos descuentos, regalos o información exclusiva para ellos. Deben percibir que serán los primeros en enterarse de futuras promociones. Esto les hará sentir que fue una buena decisión haberlo seguido.

19. No se preocupe tanto por el número de sus seguidores, preocúpese más por la calidad de los mismos, porque con ellos es con quienes usted está creando su propia comunidad alrededor de su marca.

20. Si quiere tener su propio periódico en Twitter, puede hacerlo en http://tweetedtimes.com/ donde se elaborará un diario a partir de los tweets de sus contactos en Twitter.

» 7 errores que no deben cometer en Twitter

1. Saturar el timeline o cronología de sus seguidores con una publicación masiva de tweets al mismo tiempo, porque terminarán por dejarlo de seguir.

2. No saber de antemano si su objetivo en Twitter es dar servicio al cliente, promocionar un nuevo producto o simplemente conversar con sus usuarios sobre sus patrones de consumo. Si tiene varios de ellos, ábrale una cuenta en Twitter a cada uno de sus objetivos. Cada vez se ven más empresas con múltiples cuentas en esta red social.

3. Hablar exageradamente de sus logros, premios, reconocimientos o menciones en la prensa, eso le choca a la mayoría.

4. Entrar en discusiones que estén relacionadas con sexo, religión, deportes o política, eso es inaceptable desde un perfil empresarial.

5. Automatizar el servicio, como por ejemplo establecer un modelo de respuesta a quienes le sigan. Recuerde que a la gente le gusta saber que detrás de esa empresa hay un ser humano y no una máquina.

6. No ser constante ni consistente ya sea con los tweets o con los retweets; la mayoría desconfía de aquellos perfiles que permanecen días inactivos, es como si pensaran que no se lo toman con suficiente seriedad.

7. Creer que tener muchos seguidores es sinónimo de ser un buen tuitero.

Por último, en este capítulo me gustaría compartirles una interesante nota que aparece en la página oficial de Twitter, sobre las mejores prácticas para construir la reputación online en esta red social.

» Mejores Prácticas de Twitter

1. Comparta. Comparta fotos e información sobre lo que pasa "detrás del telón" en su empresa. Aún mejor, dele a sus seguidores pequeñas pistas sobre proyectos en desarrollo y eventos. Los usuarios llegan a Twitter a compartir lo último, así que tiene que dárselo!

2. Escuche. Monitorée los comentarios sobre su compañía, marca y productos.

3. Pregunte. Haga preguntas a sus seguidores para obtener conocimientos valiosos y demostrarles que les está escuchando.

4. Responda. Responda a los buenos comentarios y sugerencias en tiempo real.

5. Recompense. Actualice con frecuencia los tweets sobre ofertas especiales, descuentos y oportunidades de tiempo limitado.

6. Demuestre su liderazgo y "know-how". Compartiendo artículos de referencia y enlaces sobre el panorama general, y cómo se relacionan con su negocio.

7. Lidere a sus clientes y socios. Haga RT y responda públicamente a los mejores Tweets que publiquen sus seguidores y clientes.

8. Establezca la voz apropiada. Los usuarios de Twitter tienden a preferir un tono directo, genuino y por supuesto amigable, pero piense en su voz al hacer un Tweet. ¿Cómo quiere que su empresa aparezca ante la comunidad de Twitter?

Si le interesa ahondar más en Twitter, le recomiendo que lea mi libro: *Twitter para todos, su negocio en 140 caracteres.*

En el próximo capítulo veremos Facebook, con más de 600 millones de usuarios, de lejos la red social más grande e importante del mundo.

Capítulo 5

La historia de éxito de Facebook

Mark Zuckeberg, un joven de Dobbs Ferry, Nueva York, proveniente de una familia judía y quien empezó a programar computadoras a los 12 años, es el más conocido de todos los creadores de redes sociales en el mundo.

El 4 de febrero del 2004, mientras estaba estudiando en la Universidad de Harvard y tenía 19 años, desde su dormitorio universitario Zuckerberg lanzó Facebook: Una red social exclusiva para estudiantes de esa universidad.

En la aventura estuvo acompañado con sus compañeros, Eduardo Saverin, Chris Hughes y Dustin Moskovitz, quienes a la postre serían reconocidos como co-fundadores.

Su principal objetivo al crear Facebook era socializar con los demás estudiantes. El éxito fue tal que en las siguientes dos semanas, dos tercios de los estudiantes de Harvard ya se habían unido.

Rápidamente esta red se extendió a otras prestigiosas instituciones: la Universidad de Boston, MIT, Stanford, Columbia, Yale y Princeton, hasta conquistar buena parte de la red universitaria de Estados Unidos.

Posteriormente, Zuckerberg se fue a vivir a Palo Alto, California, donde abrió una oficina, abandonando así sus clases en Harvard. Dos años después, Facebook se convirtió en una exitosa red mundial con 64 millones de usuarios, y su fundador en el magnate más joven del planeta.

La historia de Facebook es tan interesante que ya hay varios libros y hasta una película: "The Social Network" sobre el tema.

» ¿Qué es Facebook?

Wikipededia lo define como un sitio Web de redes sociales abierto a cualquier persona que tenga una cuenta de correo electrónico.

Hoy por hoy, Facebook es la red social más importante del mundo, porque es la que más usuarios tiene y la más universal, pues está traducida a 70 idiomas y solamente el 24.5% de sus usuarios está en Estados Unidos, a pesar de haberse creado en este país. Aunque se tiene la percepción que es la plataforma en la que nos reencontramos con excompañeros y viejos amigos y que es sólo para gente joven. La realidad es que cada vez son más las empresas que la están aprovechando como una eficaz herramienta de mercadeo, para promocionarse (buscando nuevas oportunidades) y/o en el mantenimiento de sus clientes actuales.

» ¿Cuáles son las semejanzas y diferencias entre Facebook y Twitter?

Hace poco oí algo que ilustra muy bien el papel de cada una: en una tienda de ropa Twitter es el aviso o letrero y Facebook es la vitrina o escaparate. No compiten entre sí, porque ambas se complementan y vaya que lo hacen!

¿Qué es lo que hacen estas dos plataformas sociales cuando trabajan juntas? Pues atraer a los clientes, nuevos y prospectos para que entren a la tienda y compren la ropa. Ninguna de las dos vende, son los canales de comunicación entre los negocios y los consumidores. He recopilado las semejanzas y similitudes entre ambas, que considero son las más importantes:

Semejanzas

- Son redes 2.0, es decir, que permiten la relación del usuario con otros usuarios.
- Tienen un continuo intercambio de información de diferentes formatos: Enlaces de texto, video, fotografías e imágenes.

- Son dos de las plataformas sociales más populares en el mundo.
- Dan la posibilidad de segmentar el mercado con base en la necesidad específica de la empresa o marca.
- Permiten crear sitios personalizados para la promoción de sus productos y/o servicios.

Diferencias
- Twitter, por ahora, solamente tiene un tipo de cuenta, Facebook tiene tres: el perfil personal, la página empresarial, y el grupo.
- Mientras que en Twitter el mensaje no puede pasar de los 140 caracteres, en Facebook el límite es de 420 caracteres.
- En Twitter hay seguidores y seguidos. En Facebook los contactos son amigos y fans.
- Facebook tiene más de 600 millones de usuarios, mientras que Twitter tiene alrededor de 200 millones.
- El tipo de contenido en Facebook aún "tiende" a ser más personal que profesional. En Twitter ocurre a la inversa, aunque esto está cambiando, gracias al auge que está teniendo Facebook entre las empresas.
- Twitter es un canal público, todo el mundo puede ver lo que escriben los demás, con sólo tener una cuenta allí. El perfil de Facebook, por el contrario, es una aplicación visible solamente para los contactos aceptados. Aunque las páginas corporativas quedan completamente expuestas después que el usuario oprime: ME GUSTA.
- En términos generales, la privacidad es una obsesión para los usuarios de perfiles de Facebook. Sin embargo, para los "twitteros" entre más usuarios lean sus tweets, mayor valor tendrá su cuenta.
- Mientras Facebook nació con el objetivo de compartir información entre la gente que se conoce en la vida real, los

usuarios deTwitter buscan universalizar su timeline y es por ello que muy pocos se conocen personalmente.

- Las ocupaciones de los usuarios en Facebook son variadas. Los profesionales de Twitter "tienden" a estar más enfocados en comunicación, diseño, mercadeo y tecnología.
- Hay una tendencia mayor por parte de los usuarios de Twitter a usar este medio como herramienta de trabajo, que los de Facebook.
- Los formatos son distintos. El de Facebook es mucho más amigable, que el de Twitter, que al principio es un poco difícil de entender.
- En Facebook hay más espacio para el entretenimiento que en Twitter, pues cuenta con muchas aplicaciones para este fin, como sus juegos y tests.

» Cifras de Facebook

- 663'958.480 usuarios (Socialbakers abril 9 del 2011).
- Aproximadamente 1 de cada 3 personas en el mundo tiene Facebook.
- Está disponible en 70 idiomas.
- 54% son mujeres y 46% son hombres.
- 12% actualiza su estado todos los días.
- 50% se conecta todos los días.
- 48% de los usuarios entre 18 y 34 años se conecta a Facebook al despertarse.
- 28% de los usuarios se conecta a través de smartphones o teléfonos inteligentes antes de levantarse de la cama en la mañana.

- Usuarios por edades:
13 a 17 años	11%
18 a 25 años	29%
26 a 34 años	23%

35 a 44 años	18%
45 a 54 años	12%
55 o más	7%

- Usuarios por educación:

Secundaria	21%
Universidad	28%
Graduados	22%
Otros	29%

- 88% del mundo conoce la marca Facebook.
- 40% de los usuarios sigue una marca.
- 51% de los usuarios compra la marca que sigue.
- 350 millones de usuarios usa el chat en vivo de Facebook.
- 4,000 millones de mensajes personales se han enviado los usuarios.

Fuente: Clases de periodismo, Gigaom, Facebook y Mashable.

Otras Estadísticas:

Según Alexa, una compañía de información de Internet (www.alexa.com), Facebook es el segundo site, después de Geoogle, más visitado en la Web. Sin embargo, en algunos países, entre los que se encuentran México, Argentina, Venezuela, Colombia y Chile, es la página número en tráfico.

Un estudio de socialbakers, una firma de estadísticas, ubicó en abril del 2011 a 6 ciudades de habla hispana entre las 12 primeras en número de usuarios inscritos en Facebook y a 7 países iberoamericanos, (Contando a España y Brasil) entre los 20 primeros.

» ¿Cómo funciona Facebook?

La idea de Facebook es crear una red. Puede hacerlo como individuo, creando un perfil, en cuyo caso su red solamente esta-

POR CIUDADES (Millones)		
1	Jakarta, Indonesia	17.4
2	Estambul, Turquía	9.6
3	Ciudad de México, México	9.3
4	Londres, Reino Unido	7.6
5	Bangkok, Tailandia	7.4
6	Buenos Aires, Argentina	6.5
7	Ankara, Turquía	6.5
8	Kuala Lampur, Malasia	6.5
9	Bogotá, Colombia	6.4
10	Madrid, España	6.9
11	Caracas, Venezuela	5.3
12	Santiago, Chile	5.2

POR PAÍSES		
1	Estados Unidos	154'971.340
2	Indonesia	34'850.920
3	Reino Unido	30'257.300
4	Turquía	27'482.720
5	India	23'042.800
6	México	22'734.740
7	Francia	21'819.200
8	Filipinas	21'531.640
9	Italia	19'221.180
10	Canadá	18'619.280
11	Alemania	17'929.680
12	Brasil	15'929.080
13	España	13'823.080
14	Argentina	13'778.740
15	Colombia	12'997.820
16	Australia	10'022.380
17	Malasia	9'998 440
18	Taiwan	8'970.880
19	Tailandia	8'669.680
20	Venezuela	8'246.400

rá integrada por quienes acepte y estará limitada a 5,000 amigos. En esta página el usuario tiene amplio acceso a la información de sus amigos, porque ellos de antemano así lo han querido.

También puede crear una página, como empresa, organización, marca, político, empresa, fundación etc. Aquí no hay límite de seguidores y el acceso a su información es mucho menor.

Y finalmente está la página de grupo, que se forma cuando hay un tema en común que aglutina a varios usuarios. Estos grupos generalmente son creados por seguidores de marcas y nunca representan un sitio oficial de estas.

Las páginas de empresa y los grupos, son alternativas relativamente nuevas. Anteriormente las empresas, ante la imposibilidad de tener presencia en Facebook como tal, lo hacían a través de la figura del perfil personal.

Un estudio de la firma de comunicaciones AxiCom, llevada a cabo en España, reveló que de las compañías encuestadas que tenían presencia en Facebook, casi la mitad (48%) afirmó tener una página empresarial, mientras que el 19% aún utilizaba los perfiles sociales para tener presencia en la red.

No sé si Facebook no ha hecho la suficiente difusión acerca de sus cambios, lo cual sería irónico tratándose de una plataforma que sirve precisamente para promoción. Lo cierto es que me sigo topando con empresarios que no conocen aún las inmensas posibilidades de Facebook y la siguen confundiendo con la red en la que sus hijos están todo el día conectados.

Cabe destacar también, la gran importancia que está adquiriendo la comunicación móvil en las redes sociales y Facebook, por supuesto, no es la excepción.

Esta empresa ha anunciado que ya tiene 250 millones de usuarios que se conectan desde sus móviles, claro que gran parte de ellos provienen de países desarrollados y también la mayoría acceden a través de un smartphone o teléfono inteligente.

Una de las claves para este avance, es que tanto Facebook como las demás redes sociales se han dado cuenta que su futuro ya no está en las computadoras, sino en los dispositivos móviles. Razón por la cual cada vez tienen más aplicaciones compatibles para los distintos tipos de celulares.

» 4 pasos para tener una página empresarial en Facebook

Ya hemos hablado que aún hay muchas empresas que tienen su página de negocios en Facebook como un perfil personal, una práctica no permitida por Facebook.

Si bien antes era imposible migrar y la única solución era eliminar el perfil y crear una nueva cuenta, perdiendo así todos los amigos logrados, hace un tiempo Facebook brindó la opción de migrar del perfil personal a la página empresarial, convirtiendo los amigos en fans. Sin embargo, como la transferencia era irreversible, decidió cancelar esta función; lo que aún se desconoce es, si es temporal o definitivamente.

Estos son los pasos para abrir una página de fans o corporativa en Facebook.

1. Vaya a www.facebook.com

2. Seleccione el idioma

Si maneja bien el inglés quédese con la configuración original; si no, cambie el idioma. En la parte inferior izquierda podrá encontrar la opción del español.

3. Abra la cuenta

Una vez la página esté en el idioma seleccionado, vaya a "Crear una página para una celebridad, un grupo de música o un negocio".

Recuerde que el formulario de "Regístrate", ubicado en la parte derecha es para abrir perfiles personales y NO LO PUEDE usar con propósitos comerciales.

Va a encontrar estas opciones de página:

- Lugar o negocio local.
- Empresa, organización o institución.
- Marca o producto.
- Artista, grupo de música o personaje público.
- Entretenimiento.
- Causa o comunidad.

Si no está seguro acerca del tipo de página que debe abrir, le recomiendo que revise las categorías de cada una y vea cuál se adapta mejor a lo que usted quiere promocionar.

Sea cualquiera la opción escogida, deberá aceptar las condiciones de Facebook para páginas, que le recomiendo que lea porque contiene información muy útil. Como en Facebook aún no ha sido traducida, la incluyo en español:

Condiciones de Páginas de Facebook

1. Cualquier usuario puede crear una página; sin embargo, sólo el representante autorizado podrá administrarla. Páginas con nombres solamente genéricos o descriptivos perderán sus derechos administrativos.

2. El contenido publicado en las páginas es información pública y está disponible para todos.

3. Si obtiene información de los usuarios, tendrá que obtener su consentimiento; tenga claro que es usted (y no Facebook) el que ha obtenido la información y publique una política de privacidad explicando qué información recogió y cómo la usará.

4. No se puede construir o incorporar cualquier función que identifique a los usuarios que visitan su página.

5. Las aplicaciones en su página deben cumplir con las políticas de plataformas de Facebook (Platform Policies)

6. Usted tiene responsabilidad absoluta por cualquier sorteo, concurso, competencia o similares que ofrezca en su página y debe cumplir con nuestro Código de Promociones (Promotions Guidelines)

7. Los anuncios de terceros en las páginas están prohibidos. Todos los anuncios o contenido comercial en las páginas deben cumplir con nuestras directrices publicitarias (Advertising Guidelines)

8. Usted restringirá el acceso a la página de la forma requerida, para cumplir con todas las leyes, términos y políticas de Facebook aplicables.

9. No debe establecer términos, más allá de los creados, para controlar los contenidos de los usuarios de una página.

10. Los nombres de las páginas:
    a. No deben contener exclusivamente un término genérico o descriptivo (Por ejemplo: "cerveza" o "pizza").
    b. Deben hacer buen uso de la gramática y de las letras mayúsculas. Un nombre no puede estar escrito todo en letras mayúsculas o tener un exceso de ellas.
    c. No se deben incluir símbolos, inclusive pero no limitado a puntuación excesiva y denominaciones de marcas. No se deben incluir símbolos, excepto los de puntuación que no deben ser excesivos. Tampoco se deben utilizar símbolos alusivos a marcas comerciales (Trademark designations).
    d. No se deben incluir frases, descripciones superfluas, o calificaciones innecesarias. Nombres de las campañas y/o calificadores regionales o demográficos son aceptables.

4. Configure la cuenta

De ahí en adelante siga las siguientes instrucciones:
- Agregue una imagen (vamos a hablar de esto un poco más adelante).

- Informe a sus fans (clientes y suscriptores) sobre su nueva página.
- Publique actualizaciones de estado.
- Promocione esta página en su sitio Web, –añada el botón de ME GUSTA a su sitio.
- Configure su teléfono móvil.

Una vez haya completado esta información le recomiendo que vaya a la parte de arriba, justo debajo del nombre de la empresa, artista o político, donde dice "Editar Información".

Al abrir esta pestaña irá a la página de "Información Básica', la cual deberá llenar con su información o la de su empresa, dependiendo de si se está promocionando como empresa o como profesional. En la columna izquierda encontrará los siguientes ítems, que deberá revisar uno por uno y ver cuál de ellos necesita completar:

- **Tu configuración:** lo llevará a la opción de enviar notificaciones a su correo electrónico.

- **Gestionar permisos:** aquí podrá configurar en qué países quiere que se vea su página, hacer un bloqueo de groserías, contestar a partir de qué edad debe ser el público que la vea, etc. Adicionalmente, es desde aquí donde puede eliminar su página permanentemente, si es que decide hacerlo.

- **Información Básica** (ya lo hizo).

- **Foto de Perfil** (ya la debió haber puesto en el primer paso).

- **Páginas destacadas:** Según Facebook mostrar a los usuarios sus gustos e intereses, a través de las páginas que les gusta, les da más oportunidades de conectarse con otros.

- **Marketing:** Hay muchas maneras de promocionar su página, estas son las opciones que incluye Facebook:
  Anúnciese en Facebook.
  Informe a sus fans.
  Consiga una insignia.
  Agregue el botón "Me gusta" en su sitio web.
  Después va a encontrar la pestaña de "Permisos de marca".

- **Gestionar administradores:** Allí encontrará las personas autorizadas para administrar la página.

- **Aplicaciones:** se refiere a las aplicaciones agregadas como:
  Eventos.
  Fotos.
  Video.
  Enlace.
  Notas.

- **Móvil:** busca conectar su cuenta de Facebook con su celular.

- **Estadísticas:** le informará el movimiento de su cuenta, es decir cuántos usuarios nuevos entraron, cuántos tiene en total, cuántos dejaron comentarios, etc.

- **Servicio de ayuda:** Tratará de contestar las preguntas más frecuentes.

Luego de que la página haya ganado por lo menos 25 seguidores es conveniente cambiar la url para personalizarla. Lo único que tiene que hacer es ir a http://www.facebook.com/username/. En esta URL podremos elegir la página a la que queremos asignar un nombre y el nombre que queremos asignarle. Una vez elegido el nombre no se podrá modificar ni transferir.

» 6 recomendaciones para sacarle provecho al diseño de las nuevas páginas de Facebook

A finales del 2010 Facebook dio a conocer importantes cambios en las páginas de empresas, con los cuales podemos visibilizar aún más nuestra imagen de las mismas en la Web. Estas son 6 recomendaciones para sacarle partido a los cambios:

1. Use una imagen impactante, sea el logo o una fotografía. Aproveche que se ve más grande y ocupa un prominente lugar en su página: el superior izquierdo. Recuerde que Facebook aumentó el tamaño de las imágenes, antes era de 720 px y ahora pueden ser hasta de 2,048 px, lo que significa que ya se pueden subir fotos 8 veces más grandes que antes y por ende de mejor calidad.

2. Dele importancia a la miniatura del perfil, es decir la parte de la imagen que aparece en todas sus publicaciones. Si necesita editarla, vaya a "Editar la página", luego a "Foto de perfil", después a "Editar miniatura" y enfoque la porción de la imagen que desea mostrar.

3. Complemente la imagen de perfil con la tira de cinco fotos que aparecen en la parte superior de la página. Sea creativo y busque un buen efecto visual de las 6 imágenes.
4. Suba las fotos de la tira de manera que se puedan ver en cualquier orden. Recuerde que la tira de fotos de la página empresarial es dinámica, a diferencia de la tira de fotos del

perfil personal que es estática. Eso significa que las fotos van cambiando de lugar cada vez que se carga la página.

5. Cuide la cantidad, el contenido y el aspecto de las pestañas. Las básicas son Muro, Información, Fotos y Vídeo, pero hay otras que puede agregar en "Editar la página" y seleccionar "Aplicaciones".

6. Aproveche la posibilidad de publicar "Páginas destacadas". Vaya a "Editar la página" y luego incluya hasta 5 páginas relacionadas con la empresa, con su producto o con su sector. Estas páginas, al igual que la tira de fotos, serán exhibidas en una tira rotativa.

» 4 Estrategias para tener éxito en Facebook como empresa

He escogido el uso de los servicios más importantes con los que cuenta Facebook, como estrategias para tener éxito empresarial en esta red:

1. Anuncios de Facebook (Facebook Ads)
http://www.facebook.com/advertising/

Así promociona Facebook este servicio:

- **Llegue a su público objetivo**
  Conéctese con más de 500 millones de clientes potenciales.
  Elija a su público por ubicación, edad e intereses.
  Pruebe los anuncios de imagen y de texto y use el que le funcione.

- **Profundice sus relaciones**
  Promocione su página de Facebook o sitio Web.
  Use el botón de "Me gusta" para incrementar la influencia del anuncio.
  Crée una comunidad en torno a su negocio.

- **Controle su presupuesto**
  Configure el presupuesto diario que le parezca adecuado.
  Ajuste su presupuesto diario en cualquier momento.
  Elija si desea pagar cuando los usuarios hagan clic (CPC) o cuando vean su anuncio (CPM).

Competencia: Google AdWords

Cómo lograr que su página empresarial crezca? Facebook le ofrece un servicio que podría servirle para cumplir este propósito y es a través de los anuncios o Facebook Ads, que no es nada distinto a la publicidad insertada en una red en forma contextual. La ventaja es que quienes los ven, ya son usuarios de Facebook y lo único que tienen que hacer es oprimir un "Me gusta", si ese es el caso.

Lo interesante es que Facebook ofrece distintas alternativas para filtrar a las personas a las que usted quiere que le llegue su anuncio, lo puede hacer por género, ocupación, educación, ubicación geográfica, etc.

**Impresiones (cpm) vs Clics (cpc) vs Costo
por Adquisición (cpa)**

Impresiones o CPM es el costo por cada mil impresiones; Clics o CPC es el costo por clic. Esto quiere decir que del presupuesto designado para cada día, Facebook hace el descuento cada vez que una persona hace clic sobre el anuncio y entra en el sitio Web pautado.

Por su parte Costo por Adquisición o CPA, es la cantidad que se está dispuesto a pagar por una conversión, como una compra, un registro o hasta una venta.

Para escoger entre estas opciones, simplemente trate de contestarse cuál es la posibilidad de que sus usuarios hagan clic. Mi recomendación es que le pida el favor a tres personas que imaginen su anuncio y contesten si harían click en él. Si la mayoría de ellos contesta que sí, es posible que la mejor opción sean impresiones.

» 7 Recomendaciones para que sus anuncios en Facebook sean exitosos

1. Incluya en el aviso los enlaces a sus páginas Web, blog, Twitter y otras plataformas sociales en las que su empresa esté presente.

2. Aproveche la opción de elegir su mercado objetivo de forma precisa. Hágalo cuidadosamente.

3. Defina el objetivo específico del anuncio.

4. Elabore un anuncio creativo, original y bien producido, tanto en lo que se refiere a las imágenes como al texto. Estas son algunas características con las cuales su anuncio se puede visibilizar aún más.

    Fondos coloridos
    Uso de banners

Uso de botones

Imágenes de rostros, bebés y niños pequeños

Imágenes impactantes

5. Haga un presupuesto de gasto y trate de mantenerlo.

6. Aproveche la posibilidad de mantenerse informado sobre el comportamiento de los usuarios ante el anuncio y haga los correctivos necesarios.

7. Revise que la página a la que lleva el anuncio sea la correcta.

Recuerde que el marketing en Facebook, como en cualquier otra red social, debe ser basado en experiencias. Los estudios dicen que los usuarios no buscan publicidad en esta red, más bien la rechazan, por lo que el camino para que un usuario haga clic en un anuncio, debe ser muy sutil.

2. Lugares de facebook (Facebook Places)

www.facebook.com/places

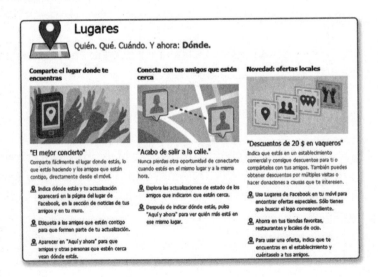

Así promociona Facebook este servicio:

Quién, qué, cuándo y ahora: Dónde

Este es uno de los servicios más recientes de Facebook y no es nada distinto a usar la georeferenciación para promocionar un negocio, empresa o marca.

Competencia: Foursquare, Gowalla y Google Places

Este servicio de Facebook permite a las los usuarios de esta red compartir, a través de un dispositivo móvil, información sobre el lugar en donde se encuentran. Como por ejemplo, un almacén, un restaurante o un museo.

Tenga en cuenta que así como usted puede usar la georeferenciación para posicionar a su empresa o marca, los usuarios también podrán acceder a ella para opinar acerca de sus servicios o productos.

Adicionalmente, Lugares de Facebook le permite localizar a los amigos que se encuentran cerca, o etiquetear aquellos que se están con ellos en un determinado lugar.

Las empresas se registran y dan descuentos y otras promociones a los seguidores que hagan check-in en sus negocios.

Por ser tan nuevo, Lugares de Facebook todavía no se encuentra disponible en muchos países, por lo que la base de datos está muy incompleta aún.

Seguramente en poco tiempo le hará la competencia a Foursquare hombro a hombro y teniendo como base los 600 millones de usuarios de Facebook, podría llegar a ser el ganador de esta batalla. Esta nueva herramienta ha vuelto a estimular la polémica acerca de la protección de los usuarios en la red y su privacidad.

Todo lo relacionado con georeferenciación lo veremos más ampliamente en el capítulo 7, en el que hablaremos de Foursquare.

3. Ofertas de Facebook (Facebook Deals)
http://www.facebook.com/deals

Facebook promociona este servicio así:

"Mejores ofertas, gracias a sus amigos"
Pruebe cosas nuevas con sus amigos
Quede con los amigos y disfrute de ofertas
Ofertas esté donde esté

Competencia: Grupon

Es un servicio que ofrece Facebook, con el cual le brinda a sus usuarios, acceso a distintos descuentos y ofertas. Como esta asociado a Lugares de Facebook (Facebook places), para acceder a la oferta el usuario necesita registrarse a través de este último en su móvil. Después le aparecerá una lista de los sitios más cercanos, que ofrecen los descuentos.

Los tipos de promociones varían e incluyen descuentos personales, para amigos y por fidelidad hasta ofertas solidarias.

En la parte inferior izquierda de la página, cuyo link está al iniciar esta información, encontrará: "Crear una oferta para tu negocio", donde podrá conocer las pautas para incluir a su empresa en este servicio.

4. Preguntas de Facebook (Facebook Questions)

www.facebook.com/questions

Facebook promociona así este servicio:

"Consiga respuestas de la gente que confía"
Aprenda de sus amigos
Vea el nivel de las personas
Comparta lo que sabe
Analice el mercado
Conozca a su comunidad
Indague sobre sus gustos y preferencias

Competencia: Yahoo Respuestas y Quora

Este servicio fue lanzado a principios del 2011 y seguramente se convertirá en una de las mejores herramientas de las empresas para conocer de forma instantánea qué piensan sus fans, pues puede ser utilizada por marcas y anunciantes, como una forma interesante de hacer encuestas a sus clientes.

A diferencia de Yahoo Answers y Quora, en las preguntas de Facebook las respuestas no son abiertas, sino de elección múltiple, aunque los usuarios pueden agregar otras respuestas.

Las cuales, al menos por ahora, no pueden encontrarse a través de los motores de búsqueda. Tenga claro que, como todo, es un servicio de doble vía, donde los usuarios también podrán quejarse de la actitud de la empresa.

Seguramente si esto hubiera estado funcionando cuando se me dañó mi lavadora, yo me habría quejado aquí de los dos meses que pasé hablando con el departamento de servicio al cliente, sin que nadie resolviera mi problema.

La clave aquí para conocer al usuario y lo digo como periodista, es hacer las preguntas adecuadas. Los beneficios? Muchos: la posibilidad de crear conversaciones cada vez más enriquecedoras, variadas y dinámicas con nuestros usuarios.

Facebook para periodistas (Journalists on Facebook)
http://www.facebook.com/journalist

Facebook lanzó en abril del 2011 un espacio dedicado a los periodistas denominado Journalists on Facebook, cuyo objetivo es ayudarnos a maximizar las herramientas que dispone en Facebook.

Para que los periodistas conozcamos mejor este servicio, Facebook tiene planeado hacer talleres presenciales alrededor del mundo. Por qué lo hicieron? Por competencia, porque la presencia de periodistas en Twitter es superior que en Facebook y porque Facebook y cualquier red social busca identificar líderes de opinión pública, para ponerla de su lado y humildemente, eso somos los periodistas.

» 8 errores que no se deben cometer como empresa en Facebook

1. Crear cuentas para otras personas, empresas o negocios sin su previo consentimiento.

2. Elaborar bases de datos de sus clientes, teniendo en cuenta la información recogida en Facebook. Esta es una práctica no aprobada por Facebook y bastante desleal.

3. Publicar contenido ajeno, sea como texto, foto o video, sin dar el respectivo crédito.

4. Utlizar a Facebook para conseguir información personal acerca de sus seguidores.

5. Divulgar información personal de los usuarios, sin previa autorización de estos.

6. Etiquetar a los usuarios, porque podría estar atentando en contra de su privacidad.

7. No actualizar frecuentemente su página empresarial. Peor que no tener presencia en Facebook, es hacerlo sin constancia pues muestra abandono y falta de respeto por los usuarios que siguen a la empresa.

8. Estar ausente de los foros de las páginas empresariales, pues son los espacios ideales para que los seguidores de la marca o la empresa expresen sus inquietudes o hagan sus comentarios. Esto puede terminar en una ola de buenas ideas o temas a tener en cuenta.

En el siguiente capítulo veremos Linkedin, la red profesional por excelencia y cómo cada vez se va consolidando más en el mundo corporativo.

Capítulo 6

Historia de éxito Linkedin

Esta red social, eminentemente profesional, fue fundada en diciembre del 2002 en Santa Mónica, California y lanzada al público en mayo del 2003.

La historia de Linkedin es la historia de su creador Reird Hoffman, quien mientras era estudiante de la Universidad de Stanford, quiso crear una compañía de software, la cual fue rechazada por parte de un grupo de inversionistas, debido a su inexperiencia.

Hoffman luego se fue a trabajar a Apple, después pasó a Fujitsu, donde aprendió la parte administrativa de los negocios. Posteriormente, renunció y creó su propia compañía llamada Socialnet, que se enfocaba en citas románticas en línea.

Un amigo lo llamó a que hiciera parte de PayPal y cuando ésta fue vendida a Ebay, decidió empezar con Linkedin. Lo hizo porque, según sus palabras, "El espacio profesional era muy interesante". Él mismo financió el proyecto en sus inicios.

» **¿Qué es Linkedin?**

Linkedin es mucho más que una página para publicar nuestro currículo o buscar empleo. Es la principal red social para los negocios y profesionales que hay en el mundo. Su objetivo es que los profesionales de cualquier sector construyan su propia marca personal para encontrarse entre sí y hacer negocios que beneficien a todos.

La utilidad de Linkedin para un empresario es innegable, especialmente si se usa como complemento de los demás medios sociales.

Estos son algunos de sus principales beneficios:

Linkedin le permite:

- Contactar a personas influyentes en su campo de acción.
- Generar clientes potenciales.
- Estar informado acerca de las últimas tendencias de su sector.
- Promocionarse como profesional o como empresa.
- Ser contactado por empresas o por reclutadores.
- Controlar su perfil profesional en la Web y tener acceso al de muchas personas que le pueden ser útiles para múltiples propósitos.
- Generar grupos de discusión, que le permitan mostrarse como un conocedor de su sector.

Algunas de sus debilidades son:

- Completar su perfil puede ser un proceso largo, sin embargo una vez concluido los resultados podrán ser óptimos.
- Los usuarios quieren convencer al resto que son excelentes profesionales o que su empresa es la mejor, por lo que a veces incomoda tanta autopromoción.

» StudentJobs

Debido a que uno de los segmentos de más baja participación en Linkedin era el de los jóvenes en marzo del 2011 lanzó una página de empleos, cuyo objetivo es ofrecer trabajo a estudiantes universitarios a punto de terminar su carrera o recién graduados.

StudentJobs es el nombre de esta iniciativa que basada en la información e intereses del usuario, genera unas recomendaciones de trabajos disponibles en su base de datos, a los cuales los jóvenes se pueden postular.

Esta página es pública y no está limitada solamente a los usuarios de Linkedin; sin embargo estos últimos pueden aprovechar la variedad de ofertas que este nuevo sitio brindará.

La gran ventaja de este proyecto es que desde temprano los estudiantes establecen un vínculo directo con el mercado laboral y empiezan a tener exposición, conexiones y experiencia.

» Cifras de Linkedin

- 100 millones de profesionales registrados, 5 veces más que la población de Nueva York.
- Un millón de nuevos miembros por semana.
- Cada segundo se registra un nuevo usuario, 58 por minuto y 3,472 por hora.
- 494 días se tardó Linkedin para ganar sus primer millón de usuarios; en la actualidad los gana en sólo 12 días.
- La página está disponible en seis idiomas.
- El 68% de sus miembros tiene más de 35 años.
- El 74% tiene un título universitario.
- El 76% no tiene niños (entre 0 y 17 años de edad).
- El 69% gana al menos U$ 60,000 al año.
- El 34% gana más de U$ 100,000 al año.
- El 1% de los miembros es responsable del 34% del tráfico de esta red.
- 44 millones de sus miembros están en Estados Unidos.
- 56 millones de sus miembros están en el resto del mundo, entre los que sobresale India, Reino Unido, Canadá y Holanda.
- Brasil con un 428% y México con un 178% fueron los países con mayor crecimiento de esta red en el 2010.
- 2 billones de personas hicieron búsquedas en Linkedin en el 2010.
- 73 de las 100 compañías de Fortune están presentes.
- 17.800.000 de sus miembros están en grupos.
- 1.500.000 de miembros semanalmente se integran a grupos.
- 1.200.000 de comentarios son dejados en los grupos semanalmente.
- Los sectores con mayor participación son: Servicios 20%, Tecnología 9% y financiero 9%.

Fuentes: Mashable y Onlinemba marzo 2011

Según Alexa, una compañía de información de Internet (www.alexa.com), Linkedin ocupa el lugar 18 en tráfico en la Web.

En Estados Unidos ocupa la posición 12 en tráfico, en España la 16, en Argentina la 24, en México la 35 y en Brasil la 38.

» ¿Cómo funciona Linkedin?

Linkedin funciona como una red gratuita, en su plan más básico, a la que sólo se necesita ingresar registrándose con un correo electrónico y una contraseña.

» Pasos para tener una cuenta en Linkedin

1. Vaya a www.linkedin.com

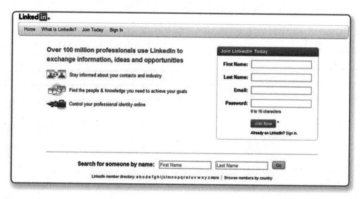

2. Configure su perfil de la forma más completa posible, educación, experiencia laboral, etc. lo que aumentará las posibilidades de ser encontrado en algún motor de búsqueda. La idea es que se muestre como un profesional serio y calificado.

3. Una vez la cuenta esté activada necesitará seleccionar un plan. La cuenta básica es gratuita, incluye un perfil profesional, la posibilidad de unirse a grupos, buscar y solicitar empleo.

Por su parte, la cuenta Premium tiene planes que van desde U$ 24.95 a U$99.95 el mes. Además de lo anterior, le da la posibilidad ilimitada de ver quién ha visto su perfil y ver los demás perfiles, además de otras opciones como:

- Envío de mensajes a las personas con las que aún no se ha conectado.
- Acceso a filtros de búsqueda y alertas de búsquedas automáticas avanzadas.
- Organización de perfiles en carpetas.
- Inclusión de notas personales a perfiles.

4. Personalice el perfil con una foto acorde con su trabajo; trate que luzca lo más profesional posible. Esto es especialmente importante si tiene un nombre tan común como el mío, pues la mejor manera de diferenciarse del resto es a través de su imagen.

   Si usted es un profesional independiente, le recomiendo que tenga la misma imagen en todas las redes sociales que participe; esto le ayudará a fortalecer su marca personal online.

5. Igualmente personalice la url para que su nueva marca en Linkedin sea www.linkedin.com/in/sunombre,

   Es muy sencillo, vaya a "Perfil" y luego a "Editar perfil" y de ahí pase a editar "Perfil público".

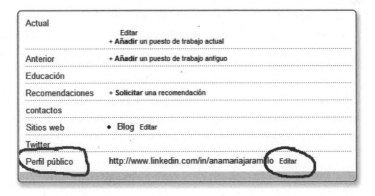

6. No olvide hacer un resumen profesional suyo para la parte del "Extracto", que la encuentra en "Editar perfil".

7. Incluya el enlace de su página de Internet. Vaya a "Perfil", luego a "Editar perfil, después a "Sitio web" y luego inclúyalo.

8. De ahí en adelante ya se trata de ir formando su propia red. Podrá hacer invitaciones a los contactos de su correo electrónico o simplemente buscar a colegas, amigos, ex jefes, etc., a través del buscador.

Una recomendación: si puede haga las invitaciones en forma personalizada y no use el formato de Linkedin para tal efecto. Verá que los resultados son mucho mejores, especialmente si hace algún tipo que no se relaciona con esos contactos.

» 10 estrategias para optimizar su cuenta en Linkedin

1. Solicite y brinde recomendaciones, estas son vitales para las empresas a la hora de contratar, hacer un negocio o una alianza estratégica con un profesional. Esto lo puede hacer en "Editar perfil" y luego pulsando 'Solicitar una recomendación".

2. Únase a grupos profesionales de su área. Sin embargo, solamente permita que le manden email los que en realidad le interesen, porque si no va a ver saturado su correo.

3. Pídale a uno de sus contactos que le presente a alguien que aún no conozca, pero que le interese, a través de "Consigue una presentación a través de una conexión".

4. Mantenga siempre actualizado y completo su perfil.

5. Siga a las empresas que le interesan; esto le ayudará a estar al corriente de cambios claves, averiguar quién se ha incorporado o ascendido, e informarse sobre las oportunidades de negocio o empleos que hayan allí. Para hacerlo, sólo debe seleccionar "Empresas" y escribir en la barra de búsqueda.

6. Actualice la función de estado, comparta contenido interesante para sus contactos y publique presentaciones o enlaces de sus actividades profesionales.

7. Aunque Linkedin permite enviar un mensaje a 50 personas simultáneamente, le recomiendo que evite que sus correos electrónicos queden visibles para todos, enviando copias ocultas.

8. Use Linkedin Answers para formular preguntas. La ventaja es que no sólo nuestros contactos podrán contestarnos, sino toda red, lo que podría ser la base de futuras conexiones.

9. Es muy importante que responda las solicitudes, especialmente si hace tiempo que no tiene una relación con ese contacto. Busque algo en su página que le dé pie a iniciar nuevamente la conversación con él.

10. Escriba sus mensajes en forma clara, concisa y sin errores de ortografía o gramática. Recuerde que son profesionales los que van a estar leyéndolos y un texto mal escrito podría causar una pésima impresión suya.

» 20 herramientas de Linkedin para optimizar su perfil

Linkedin cuenta con una serie de aplicaciones que le permiten enriquecer su perfil; esto lo puede hacer en "Editar perfil" y luego pulsar "Añadir una aplicación". Según Linkedin estas aplicaciones son agregadas a su página de inicio y perfil, lo cual le permite controlar quién accede y a qué tipo de información.

A continuación las aplicaciones y la descripción que de ellas hace Linkedin:

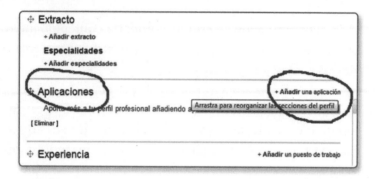

1. **GitHub**

Muestra sus proyectos de GitHub en Linkedin. Descubra cuáles de sus contactos de LinkedIn son los más activos en GitHub y explore sus proyectos.

2. **My Travel**

Averigüe dónde viaja su red profesional de LinkedIn y cuándo estará en la misma ciudad que sus colegas de trabajo. Comparta sus próximos viajes, su ubicación actual y cualquier información sobre sus viajes con su red. Muchas reuniones importantes de trabajo pueden planearse a través de esta aplicación.

3. **Box.net Files**

Gestione todos sus archivos importantes en línea. Box.net le permite compartir contenido en su perfil y colaborar con amigos y colegas de trabajo.

4. **Lawyer Ratings**

¿Trabaja en el sector jurídico? Difunda su Peer Review Ratings™ y Client Review Ratings™ de Martindale-Hubbell®

para confirmar sus credenciales y facilitarle el contacto con personas adecuadas.

5. Real Estate Pro

Acceda al mercado inmobiliario local y comercial. Siga a profesionales y agentes inmobiliarios activos. Lleve la cuenta de nuevas propiedades disponibles a la venta y obtenga las últimas novedades sobre las adquisiciones de propiedades en su área.

6. SlideShare Presentations

Es la mejor manera de compartir presentaciones en Linkedin. Puede subir y mostrar sus propias presentaciones, ver las presentaciones de otros colegas y encontrar expertos dentro de su red.

7. Huddle Workspaces

Comparta, colabore y lleve a cabo proyectos con sus contactos. Huddle Workpaces le ofrece un lugar online seguro y privado con herramientas simples y potentes para llevarlo a cabo.

8. Portfolio Display

¿Es artista? Muestre su trabajo creativo en su perfil de Linkedin con la aplicación Creative Portfolio Display. Es gratis, fácil de gestionar y acepta contenido multimedia ilimitado.

9. Legal Updates

Obtenga las noticias legales que le interesan a usted y a su negocio. Los abogados tendrán la posibilidad de cargar sus artículos y otros contenidos. Además podrán ser encontrados por su experiencia en Linkedin.

10. SAP Community Bio

Revele su experiencia y certificación SAP en Linkedin. La aplicación SAP Community Bio le permite añadir sus credenciales y contribuciones SAP a su perfil profesional.

11. WordPress

Conecte su vida online con la aplicación WordPress de Linkedin. Podrá sincronizar su blog de WordPress con su perfil en Linkedin, manteniendo a todos sus contactos informados.

12. Reading List by Amazon

Amplíe su perfil profesional al compartir los libros que está leyendo con otros miembros de Linkedin. Averigüe qué debería leer al seguir las actualizaciones de sus contactos, otras personas en su campo o miembros de Linkedin interesantes profesionalmente para usted.

13. Tweets

Publique sus tweets de Twitter a su perfil de Linkedin. Esta aplicación sólo es recomendable agregarla si su presencia en Twitter es profesional y no personal.

14. Google Presentation

Preséntese usted, presente su trabajo, suba un archivo .PPT o use la aplicación en línea de Google para incluir una presentación en su perfil.

15. Company Buzz

¿Alguna vez se preguntó qué dice la gente de su empresa? Company Buzz le da la respuesta. Dele un vistazo a las tendencias, modas y principales palabras clave. Personalice sus temas y compártalos con sus compañeros de trabajo.

16. Eventos

Encuentre eventos para profesionales, desde congresos a reuniones locales, y descubra a qué eventos asistirán sus contactos.

17. Blog Link

Conéctese a su blog. Con Blog Link puede sacarle el mayor partido de Linkedin al conectar su blog a su perfil de Linkedin.

18. **Sondeos**

Recopile datos importantes de sus contactos y del público profesional de Linkedin. Creando sondeos o encuestas, que son de opción múltiple y hasta 5 respuestas, podemos mantener la conversación viva con nuestros contactos.

19. **Projects and Teamspaces**

Comparta y lleve la cuenta de tareas, proyectos, documentos y Google Apps; de manera gratuita. Se puede crear un proyecto nuevo o identificar alguno que tenga una oferta de empleo en el que su perfil cuadre.

20. **E-Bookshelf**

Obtenga información de los principales profesionales de negocios a través de E-Bookshelf por FT Press: lectura esencial para tener éxito. Lea temas profesionales y comerciales concisos de los principales expertos de manera rápida. Tenga acceso al contenido valioso que desee, cuando lo desee.

» 10 errores que no deben cometerse en Linkedin

1. Tener un perfil incompleto, esto genera recelo entre quienes lo revisan, especialmente si son reclutadores, o personal de recursos humanos de una empresa.

2. No ser honesto con la información que se publica, recuerde que más temprano que tarde se descubrirá si "infló" su hoja de vida.

3. No cambiar la url personalizando su nombre en Linkedin, por lo que no podrá ser encontrado fácilmente en un buscador.

4. Ser empresa y no tener un perfil de empresa en Linkedin, es un enorme desperdicio, pues es una excelente forma gratuita de promoción.

5. Hacer que su perfil sea privado, con lo que dejará de ser visible en la red, minimizando las posibilidades de lograr el objetivo central que es la interconexión con otros usuarios con fines profesionales.

6. No participar en los debates, es algo de lo que hemos hablado a lo largo del libro; en cualquier red social la clave está en CONVERSAR, pero de una manera interesante.

7. Abstenerse de hacer parte de grupos de su sector, especialmente porque estará perdiéndose la oportunidad de estar presente en una minired que podría beneficiarlo enormemente.

8. No hacer o responder preguntas, le quitará la posibilidad de darse a conocer y a la vez ver la calidad profesional de otros miembros de la red. Además, es otra forma muy importante de la conversación, que con constancia se puede volver una sólida relación profesional.

9. Darle pena pedir recomendaciones, porque con ellas el valor de su marca personal se incrementará sustancialmente.

10. Convertirse en un spam, alabándose a si mismo o a sus productos; es bueno mostrar las fortalezas, pero por favor no abuse del tema.

En el próximo capítulo veremos Foursquare y cómo se ha convertido en una de las redes sociales de más alto crecimiento en el mundo. Además hablaremos de un nuevo concepto que cobra cada vez más importancia: La georeferenciación.

Capítulo 7

Historia de éxito de Foursquare

Dennis Crowley y Naveen Selvadurai, los cofundadores de Foursquare, se conocieron en el 2007 cuando trabajaban en el mismo edificio en la ciudad de Nueva York. En el otoño del 2008, en la casa de Dennis en East Village, comenzaron a construir la primera versión de Foursquare y la lanzaron en el Festival Interactivo South by Southwest en Austin, Texas, en marzo de 2009.

En la actualidad Foursquare es la plataforma social de más rápido crecimiento en la historia de la Web, ya que en dos años de vida ha conseguido alrededor de 7 millones de usuarios. Esto se debe en gran parte, por haber sido la empresa que hizo realidad la aplicación de la Georeferenciación en las redes sociales, antes que su competidor Facebook, con Facebook Places.

» ¿Qué es Foursquare?

Básicamente, Foursquare es una red social de georeferenciación, que se utiliza para compartir la ubicación de un usuario con sus contactos desde un dispositivo móvil. De hecho, muchos la incluyen en la Web 3.0, un concepto que ampliaremos al finalizar este capítulo.

A Foursquare se le ha denominado la primera plataforma de geomarketing, debido a que cuenta con una excelente fórmula de fidelización, de hecho esta es una de las claves de su éxito.

La otra, es que muchos usuarios, renuentes a participar en social media, la ven más como un juego que como una red social y por ello participan más desprevenidamente.

A Foursquare la han calificado como el principal nexo entre Twitter y Facebook, porque viene a contestar una pregunta que ninguna de estas dos plataformas le había formulado al usuario: dónde se encuentra en este momento?

» Cifras

- Alrededor de 7 millones de usuarios en marzo del 2011, que más que en ninguna otra red podemos decir que son 7 millones de consumidores.
- 3,400% fue su crecimiento del 2009 al 2010
- Disponible en 6 idiomas.
- 2 veces al día (promedio) los usuarios revelan su ubicación geográfica a través de sus smartphones o teléfonos inteligentes, cada vez que están en un sitio que les parece interesante.
- 25 mil nuevos usuarios se registran diariamente.
- 2 millones de check-ins se reportan al día.
- 200 mil es el record de check-ins en un mismo día y lugar: Superbowl 2011.
- 381'576,305 check-ins se hicieron en el 2010.
- Esta infografía del mismo Foursquare muestra los sitios donde más check-ins se hicieron en el 2010:
- El 30.5% de los usuarios está en Estados Unidos.
- El 4.0% en España.

- El 3.9% en Brasil.
- El 3.3% en México.
- El 1.0% en Argentina.
- El 0.6% en Colombia.

Fuente: Foursquare, readwrite.es y appappeal.

» ¿Cómo funciona Foursquare?

Foursquare es como un juego, con reglas claras y con dos tipos de participantes: Los usuarios o clientes y los negocios, empresas o marcas.

La idea es que los usuarios hagan check-in, es decir se registren, en los lugares en los que se encuentran, a través de su dispositivo móvil.

» ¿Qué ganan ambas partes?

Al hacer check-in los usuarios ganan puntos y badges o medallas virtuales, que se pueden traducir en descuentos, regalos y promociones de los negocios en los que se ha registrado o las marcas que ha seguido.

Adicionalmente, los usuarios pueden mejorar su experiencia de exploración y consumo, al obtener recomendaciones de otros usuarios sobre lugares.

Por su parte, los comerciantes y las marcas también aprovechan la plataforma de Foursquare, utilizando un amplio paquete de herramientas para obtener, atraer y retener a los clientes y al público.

Foursquare puede usarse en teléfonos móviles como BlackBerry, iPhone, Android y otros smartphones. En el resto de celulares debe utilizarse a través de Internet móvil.

Voy a explicarlo con un ejemplo: Como usuaria me inscribo en Foursquare. Es domingo y voy a desayunar a un lugar que venden unas arepas deliciosas.

Cuando esté allí hago un check-in desde mi celular. Si ese lugar está registrado, gracias al GPS, aparecerá el nombre del sitio, si no, esto quiere decir que nadie inscrito en Foursquare ha hecho un check-in desde ahí y podré anexarlo.

Después, tengo la opción de escribir sobre mi experiencia en el lugar. Esto me dará unos puntos, con los que podré acceder a una recompensa; que en Foursquare es un badge.

Si me gusta mucho el lugar y me convierto en la persona inscrita en Foursquare que más lo visita, podría convertirme en alcalde o mayor de allí y ganar otros privilegios, que se traducen en descuentos, promociones y regalos.

Es un juego de consumo, en el cual usted visita un lugar, lo recomienda (aunque puede pasar lo contrario por supuesto), interactúa con sus amigos y gana recompensas.

Por su parte, los negocios, si dan un buen servicio, se benefician de los buenos comentarios de sus usuarios, atrayendo así nuevos clientes.

Los estudios dicen que muchos de los usuarios siguen a las empresas en las redes sociales, con el fin de recibir un beneficio (cupones, descuentos, promociones y regalos) y Foursquare es la plataforma donde esa razón se ve más claramente.

La clave es que tanto las empresas, marcas y negocios pequeños sean creativos y generosos, a la hora de crear una estrategia de recompensas.

Por ejemplo, uno de los retos de las empresas presentes en Foursquare, es fomentar la competencia entre los usuarios, dándole mayor importancia a la figura del alcalde (mayor) y otorgando mejores premios.

Lo cierto es que las perspectivas de Foursquare son muy amplias, aunque las dificultades a superar también lo sean.

Por un lado, esta red debe globalizarse más. El problema es que en varios lugares del mundo, América Latina, por ejemplo, por razones de seguridad muchos no querrán dar a conocer su ubicación, sólo por ganarse una cerveza.

Y la otra es que aunque cada vez hay más penetración de los dispositivos móviles en el mundo, los smartphones o teléfonos inteligentes todavía siguen en manos de una minoría.

» Pasos para tener una cuenta de Foursquare

Debido a que este libro está dirigido a las empresas y marcas nos vamos a enfocar solamente en la participación de estas en Foursquare y no en la de los usuarios:

1. Vaya a www.foursquare.com
2. Cambie el idioma en la parte inferior de la página, a español.
3. Antes de llenar el formulario de inscripción le sugiero que lea la información que está justo debajo de este, donde hay dos elementos en los que quisiera que se detuviera: Comerciantes y marcas.

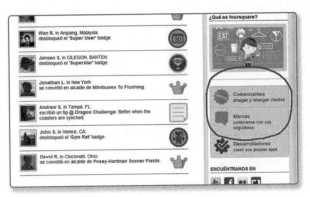

Esta es la información, que aparecerá:

En la parte de comerciantes o propietarios de lugares, aprenderá acerca de la plataforma de Foursquare para su negocio. Obtendrá una guía rápida de inicio, le hablarán de los distintos tipos de promociones, con sus ejemplos, y de las estadísticas disponibles para su cuenta.

Lo que tiene que hacer es abrir una cuenta y luego reclamar su lugar, es decir el de su negocio, para que Foursquare pueda estar seguro que usted es el representante autorizado para hacerlo.

El otro elemento es el de marcas, que Foursquare clasifica en dos: las que tienen ubicación física, como Starbucks, por ejemplo y las que no la tienen, como The New York Times.

Para las marcas sin ubicación física Foursquare proporciona dos importantes herramientas de marketing: páginas e insignias personalizadas.

Vea por ejemplo la página de The New York Times
http://foursquare.com/nytimes

En este momento la inscripción para las marcas sin ubicación física no es un proceso instantáneo, se debe mandar una solicitud previa, pero seguramente pronto lo será, porque ya lo han anunciado. Por ahora, tiene que mandar una solicitud para llevar a cabo tal efecto.

4. Complete el formulario y suba su imagen

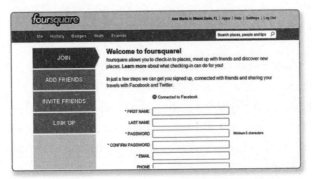

5. Encuentre amigos presentes en Foursquare a través de Facebook, Twitter y/o su base de datos de sus correos electrónicos.
6. Haga check-in en su móvil. Para activar esta función tendrá que seleccionar el tipo de teléfono que tiene y bajar la aplicación, si este es un smartphone.
7. Aprenda acerca del vocabulario y las expresiones de Foursquare, que está a continuación.
8. Foursquare permite una completa integración con Twitter y Facebook, además de proporcionar una API para que quien lo desee pueda integrar su aplicación.

» El vocabulario y las expresiones para entender Foursquare

- **Check-in:** Significa publicar el lugar donde se está ubicado. Se puede hacer en un parque, bar, museo, restaurante o en cualquier lugar interesante.

- **Ganar puntos:** La mayoría de los check-ins en Foursquare le hacen ganar puntos. Puede ganar puntos viajando, recorriendo un sitio nuevo o agregando un lugar. Si hace check-in con frecuencia en un lugar, se convertirá en el alcalde del lugar.

- **Promociones:** Son recompensas que dan los lugares sólo a los usuarios de Foursquare. Varían desde tragos a mitad de precio hasta entradas sin cargo a museos.

- **Desbloquear promociones:** Significa poder acceder a los premios o descuentos ofrecidos por los negocios o marcas. Puede hacerlo de distintas formas (según el lugar), por ejemplo, por ser el mayor, por hacer check-in una determinada cantidad de veces o simplemente por presentarse en el lugar.

- **Venues:** Son los lugares en los que el usuario se encuentra para hacer check-in, pueden ser parques, museos, restaurantes, aeropuertos, bares, metros, etc. Si el lugar no está registrado en Foursquare, puede agregarlo a la lista, (Foursquare le premiará por eso) seleccionando "Adicionar venue", donde debe incluir el nombre, dirección, ciudad, código postal y número de teléfono del lugar. Mi recomendación pida una tarjeta del lugar cuando lo vaya a hacer.

- **Badges:** Son pequeñas recompensas que se ganan por realizar determinadas acciones o por hacer check-in en sitios interesantes, estos son sólo algunos:

  Superestrella: obtenido por hacer check-in en 50 lugares.
  Local: por hacer check-in en el mismo lugar 3 veces en 1a semana.

Súper Mayor (Alcalde): obtenido por tener10 mayor-ships actuales.

Borracho: obtenido por hacer check-in más de 4+ veces en una semana.

Trasnochador: hacer check-in después de las tres de la mañana en un día de semana.

Aventurero: hacer check-in en 10 lugares distintos.

Superusuario: hacer 30 check-in en un mes.

Estoy en un barco: hacer check-in después en una embarcación.

» 15 estrategias para tener éxito en Foursquare como empresa

1. Cuando haya entrado a Foursquare como empresa, marca o negocio, incluya toda la información posible; eso le ayudará a sus clientes, especialmente los potenciales, a sentirse más confiados.

2. Cuéntele a sus clientes actuales, estén o no en Foursquare , que usted ya está presente en esta red. Una pequeña campaña introductoria podría funcionar muy bien para lanzar su presencia allí.

3. Cuando esté enviando las invitaciones a sus clientes a formar parte de Foursquare, escríbales una nota acerca de lo

que es esta red. Tenga claro que aún no es muy conocida por todos y su dinámica no es sencilla de entender, si no se la conoce. Haga énfasis al contarles que podrán obtener recompensas si le son fieles y lo recomiendan.

4. Para mantener la atención de sus usuarios, infórmeles acerca de todo lo que tenga que ver con el negocio, obviamente que sea INTERESANTE para ellos.

5. Redacte mensajes cortos, recuerde que Foursquare es una red social diseñada para móviles.

6. Esto ya lo hemos repetido varias veces con otras redes sociales y Foursquare no es la excepción, sea CONSTANTE en la publicación de contenido.

7. No olvide que las promociones son la principal MOTIVA-CION de los usuarios para estar en Foursquare. Bríndeles ese valor agregado a su marca que ellos están buscando. Sea creativo a la hora de crear ofertas. Una mesa reservada con un trago gratis para el usuario que haya ido 3 veces en la misma semana, por ejemplo.

8. Sea generoso con sus clientes y sepa corresponder a su fidelidad. No se necesita gastar mucho para conseguir resultados muy positivos.

9. Analice cuáles de sus competidores están en Foursquare y ofrézcales a sus clientes, potenciales y actuales, algo que los cautive más.

10. Aproveche el interés de los usuarios en conseguir determinados badges y haga una campaña en su negocio alrededor del tema. Hace poco vi como el dueño de un restaurante

en Estados Unidos puso un kayak en su negocio y anunció que quienes quisieran el codiciado badge de "Estoy en un barco", fueran a su negocio a hacer check-in desde allí y así ganárselo. El éxito fue rotundo.

11. Conecte su campaña de Foursquare con Facebook y Twitter y amplíe así su audiencia. Por ejemplo elabore una campaña que estimule a sus clientes a ir a su almacén de zapatos. Hágala desde Facebook y Twitter y dígale a sus usuarios que si hacen check-in en Foursquare recibirán el 5% en un par de zapatos, por ejemplo.

12. Cumpla cabalmente con lo que promete, de lo contrario ese mismo usuario a quien le incumplió será el primero en publicarlo, no sólo en Foursquare sino en las demás redes sociales, afectando su reputación online negativamente.

13. Investigue cuáles son las nuevas tendencias del momento y qué lugares están de moda en su sector y aproveche esa información.

14. Haga campañas para atraer a clientes con un motivo especial. En marzo del 2011 Starbucks creó un nuevo badge en Foursquare para celebrar sus 40 años. El badge, llamado "Starbucks Tribute", tenía 4 días para ser desbloqueado por los usuarios de Foursquare que hicieran check-in en los Starbucks de Estados Unidos. Quienes los desbloquearan tenían la posibilidad de entrar en la rifa de 500 tarjetas de regalo de la empresa. La campaña fue todo un éxito.

15. Monitorée constantemente los comentarios que los usuarios hayan publicado acerca de su negocio, y así evitará que información incorrecta pueda perjudicar su nivel de penetración en el mercado.

» 6 errores que no deben cometer las empresas que estén en Foursquare

1. Creer que Foursquare es sólo para restaurantes y otros negocios de servicios. Foursquare funciona para todo aquel que tenga algo que vender, un almacén, un hotel, una aerolínea, un servicio de metro, una universidad, un periódico, etc.

2. No aprovechar la oportunidad que nos brinda Foursquare de conocer nuestro usuario, analizar su perfil y sus hábitos de consumo. Esta información es vital para elaborar eficazmente campañas de mercadeo futuras.

3. No darle la suficiente importancia al tema de los badges y recompensas. Cuando uno de sus clientes se convierta en alcalde (mayor) de su negocio, hágalo sentir como un rey y verá cómo reproduce en la red su agradecimiento.

4. No entender que las estrategias de marketing en las que se basa Foursquare son la antesala de grandes cosas en el campo del comercio electrónico.

5. Usar Foursquare como la única herramienta de marketing online, cuando se puede complementar perfectamente con Twitter y Facebook para hacer una campaña brillante.

6. Aceptar de mala gana y sin educación un mal comentario dejado en Foursquare. En el área de servicios, el riesgo de recibir una crítica es muy alto. De ahí la urgencia de darle un manejo adecuado a su respuesta, para que no se riegue el comentario negativo por toda la Web.

Las siguientes recomendaciones no tienen que ver con su cuenta en Foursquare como dueño de negocio o empresario, pero no me perdonaría tener esta información y no compartirla con ustedes.

» 6 recomendaciones de seguridad para LOS USUARIOS de Foursquare

1. No haga check-in al llegar a un lugar, especialmente si es un hotel. Lo recomendable es siempre hacerlo al abandonar el sitio.

2. No haga check-in en lugares poco concurridos.

3. No haga check-in en sitios a los que va todos los días y a la misma hora; eso lo podría volver muy predecible para los delincuentes.

4. No publique su check-in en otras redes sociales, porque lo que hará es ampliar el número de desconocidos que saben dónde se encuentra.

5. No haga un check-in en su casa y menos para decir que no hay nadie más.

6. No haga un check-in en la carretera o en el aeropuerto y menos si va a contar que toda la familia se va de viaje, con lo que los ladrones deducirán que la casa está sola.

La georeferenciación y la Web 3.0

Recuerdan que en el primer capítulo vimos la Web 1.0 y la 2.0 ? Pues bien, ahora les voy a hablar brevemente de la Web 3.0 y la georeferenciación y como esta característica es la base de Foursquare, decidí incluirla en este capítulo.

De hecho hay quienes afirman que por esta razón Foursquare ya es parte de la Web 3.0.

Vamos a ver brevemente los conceptos de georeferenciación y Web 3.0:

Según Wikipedia georeferenciación es un término que refiere al posicionamiento con el que se define la localización de un objeto espacial (representado mediante punto, vector, área, volumen) en un sistema de coordenadas y datum determinado. Este proceso es utilizado frecuentemente en los Sistemas de Información Geográfica.

Por su parte la Web 3.0 es un término que se utiliza para describir la evolución del uso y la interacción en la red a través de diferentes caminos.

Ello incluye la transformación de la red en una base de datos, un movimiento para hacer los contenidos accesibles por múltiples aplicaciones non-browser, el empuje de las tecnologías de inteligencia artificial, la web semántica, la Web Geoespacial, o la Web 3D. (Se imaginan una Web 3D¬?).

El término Web 3.0 frecuentemente es utilizado para promocionar las mejoras respecto a la Web 2.0 y apareció por primera vez en 2006 en un artículo de Jeffrey Zeldman, crítico de la Web 2.0. Actualmente existe un debate considerable en torno a lo que significa Web 3.0, y cuál sea la definición más adecuada.

Cómo se integra la georeferenciación con el marketing?

Qué tal ir caminando por la calle, entrar a una tienda y que esta detecte su presencia allí y a través de su móvil le mande un mensaje diciéndole que todo lo que compre en la próxima hora tendrá un 20% de descuento.

O qué tal, si va en su carro y desde un restaurante cercano al lugar donde se encuentra, le envían un mensaje diciéndole que entre, que es hora de cenar y que le está esperando una rica margarita por cortesía de la casa.

O mientras está en el supermercado, recibir un texto que le diga que usted es la compradora un millón y que los primeros U$ 50 de su cuenta son gratis.

Todo esto será posible gracias a la georeferenciación, un nuevo término referente a dar a conocer la ubicación geográfica de un individuo automáticamente, generalmente a través de un dispositivo móvil, vía GPS (sistema de georeferenciación por satélite).

Aunque este término se relaciona más con Foursquare, otras redes sociales como Twitter, también cuentan con aplicaciones de georeferenciación.

GeoTwT, por ejemplo, es un servicio que permite filtrar tweets por localidad. Si se escribe el nombre de la ciudad o su latitud/longitud, podrá ver los tweets que se están originando específicamente desde ese lugar.

Si bien en la georeferenciación y en general en la Web 3.0 está el futuro del marketing digital, aún se están desarrollando. Por lo que le recomiendo que mientras esto sucede, se ocupe más, como empresa, en conocer mejor a sus usuarios, a través de la Web 2.0 y de Foursquare.

Aproveche las enormes ventajas que en la actualidad brindan las redes sociales. Estoy segura que nunca antes hubo tantas herramientas para hacerlo y de una manera tan efectiva.

En el próximo capítulo veremos que la magia de YouTube no solamente sirve para que los jóvenes suban videos y oigan canciones. La idea es que aprendamos que nuestros negocios también se pueden beneficiar de esta poderosa red social.

Capítulo 8

Historia de éxito de YouTube

YouTube fue fundada en febrero del 2005 por Jawed Karim, Steve Chen y Chad Hurley, en San Bruno, California. Los tres se habían conocido mientas trabajaban en PayPal. Chen y Karim como ingenieros y Chad como diseñador.

Todavía no está muy claro cómo surgió la idea de crear YouTube. Hurley y Chen afirman que los motivó el haber tenido dificultades para compartir unos videos tomados en una fiesta en San Francisco.

Por su parte, Karim sostiene que esa fiesta nunca ocurrió y que la idea de compartir videos en la Web fue suya, influenciado por una página de citas, en la cual los usuarios podían cargar fotos suyas, que después serían calificadas por otros.

Lo cierto es que YouTube fue activada el 15 de febrero del 2005; el 23 de abril se cargó el primer video "Me at the Zoo" (Yo en el Zoológico) y en diciembre de ese mismo año se la lanzó oficialmente.

Un hecho que inicialmente ayudó a aumentar el tráfico de una manera impresionante, fue cuando los usuarios empezaron a poner el enlace de YouTube en sus páginas de MySpace.

De hecho, esta última plataforma y Google lanzaron sus propias versiones de YouTube, sin mucho éxito.

En octubre del 2006 Google compró YouTube por 1.650 millones de dólares y en ese año la Revista Time lo catalogó como el invento del año.

Hasta la fecha, YouTube ha firmado acuerdos con más de 10,000 socios, incluidos Disney, Univisión, CBS, BBC, Universal Music Group, Sony Music Group, Warner Music Group, NBA, The Sundance Channel y muchos más.

Adicionalmente YouTube está buscando hacer una alianza con Hollywood y está planeando atraer a grandes nombres de la industria cinematográfica para generar contenidos atractivos y ganar así nuevos anunciantes.

» YouTube Live

http://www.youtube.com/live

En abril del 2011 YouTube presentó YouTube Live, un servicio destinado a incluir retransmisiones en directo de programas y eventos, dentro de la oferta audiovisual de la empresa.

A través de http://www.youtube.com/live se puede acceder a un sistema que incluye herramientas para búsqueda de contenidos, calendarios con los eventos en vivo que estén programados y la opción de suscribirse para recibir alertas.

"El objetivo es dar a miles de socios en los próximos meses la posibilidad de retransmitir contenido en vivo desde sus propios canales. Para garantizar la calidad del visionado, ampliaremos esta oferta paulatinamente", revela el blog de YouTube.

Hasta el momento, YouTube ya había estado transmitiendo algunos eventos en directo, pero sin regularidad.

El lanzamiento de YouTube Live se dio a conocer poco después que se revelara el plan de Google de abrir varios canales temáticos, exclusivos para YouTube, con temas relacionados con la familia, el deporte, los viajes, la comida, etc.

YouTube también ha sido utilizada por políticos para promover sus ideas y así llegar a un mayor número de ciudadanos. Recuerdan la campaña de Barack Obama en el 2008? Pues ya empezó con su reelección en el 2012 en YouTube y este es el enlace: http://es.youtube.com/user/barackobamadotcom

» ¿Qué es YouTube?

YouTube es el medio social líder en video online en el mundo y se ha convertido en el destino natural para que millones de personas puedan ver, subir y compartir videos originales, de una manera sencilla, a través de la Web y de dispositivos móviles.

Es tal la penetración de esta marca en el mercado, que cuando se habla de un video en la Web, casi instantáneamente se relaciona con YouTube.

Además de ser la base de datos en video más grande del mundo, YouTube tiene otra virtud: genera participación de los usuarios, a través de sus comentarios.

Este canal le brinda a la gente la posibilidad de conectarse, alrededor de la comunicación visual. YouTube también actúa como una excelente plataforma de distribución para creadores de contenido y de publicidad.

Si Facebook y Twitter nos convierten a todos en dueños de un medio de comunicación impreso, YouTube nos da la oportunidad de volvernos dueños de nuestro propio canal de televisión.

» YouTube en cifras

- 2,000 millones de videos son vistos al día.
- 35 horas de video se suben cada minuto.
- Está presente en 32 países y 43 idiomas.
- El alcance demográfico de YouTube es amplio: de 18 a 54 años de edad.
- 70% del tráfico procede de fuera de Estados Unidos.
- 15 minutos al día es el promedio que los usuarios pasan viendo videos.

- 10% de los videos de YouTube están disponibles en HD.
- 100 millones de búsquedas diarias.
- 4 millones de personas suelen compartir videos de YouTube, regularmente en otras redes sociales como Facebook y Twitter.
- 5 millones de personas están suscritas al canal de videos de un amigo.
- 50% de los videos tienen comentarios.
- YouTube para celulares recibe más de 100 millones de reproducciones por día.
- Desde Facebook se consume diariamente el equivalente a 46.2 años de video.
- Cada vez que se twittea un video de YouTube, produce un mínimo de 6 visitas en Youtube.com.
- 94 de los 100 anunciantes más importantes de AdAge realizaron sus campañas en YouTube y en la red Google Display.
- El número de anunciantes que utilizan anuncios desplegados en YouTube aumentaron 10 veces en el último año.

Otras Estadísticas:

Según Alexa, una compañía de información de Internet (www.alexa.com), YouTube es el tercer site, después de Geoogle y Facebook, más visitado en la Web.

Visitantes por país de YouTube.com

País	Porcentaje del tráfico del sitio
Estados Unidos	22.0%
Japón	6.3%
India	5.2%
Alemania	4.3%
Reino Unido	3.7%
Brasil	3.5%
Italia	3.3%
México	3.2%

En este último país ocupa el cuarto lugar en tráfico, después de Google, Facebook y Google México.

» ¿Cómo funciona YouTube?

YouTube usa un reproductor en línea basado en Adobe Flash para servir su contenido.

Se ha vuelto muy popular debido a que no se necesitan grandes conocimientos de tecnología para subir un video. Por lo que se encuentran desde sencillos videos personales hasta sofisticados programas de televisión.

Todos cabemos en YouTube, sólo necesitamos una cámara filmadora, un servicio de Internet (recuerden que se pueden subir videos desde los dispositivos móviles) y ojalá, mucha creatividad.

Los enlaces a videos de YouTube pueden y DEBEN ser también puestos en blogs y sitios Web, especialmente si son corporativos, usando APIs o pegando un código HTML.

Recuerde que normalmente no se habla de página de YouTube, sino de canal. Por ejemplo: les presento el canal de mi empresa en YouTube.

» Vocabulario de YouTube

- **Archivos de identificación:** Una representación digital de un archivo de referencia generado con software de Google, también conocida como "huella digital".

- **Canal:** Es la página de un usuario que ven todos los demás usuarios y que contiene la información de su perfil, sus videos, sus favoritos, etc.

- **CID:** Sistema de gestión e identificación de contenido de YouTube.

- **Cola:** Es una forma de crear una lista de videos para verlos posteriormente en una sesión.

- **Correspondencia:** En el contexto del sistema de identificación de contenido, es el reconocimiento que una parte de un archivo de referencia existe en un trabajo ya subido.

- **DMCA:** Ley estadounidense de protección de los derechos de autor (Digital Millenium Copyright Act, DMCA). Ley aprobada en 1998 que regula la protección de los derechos de copyright en la Web.

- **Etiquetas:** Permiten que otros usuarios puedan encontrar su video cuando realizan búsquedas en el motor de YouTube. Al introducir palabras clave relacionadas con esas etiquetas, su video aparecerá en los resultados de búsqueda.

- **Galardones:** YouTube registra diversas estadísticas de videos. El sistema concede automáticamente galardones a los videos que consiguen llegar a lo más alto.

- **Gurú (tipo de canal):** Una cuenta del tipo Gurú es una cuenta que puede seleccionar si le gusta hacer videos cuya finalidad sea enseñar a los demás alguna habilidad o explicar cómo hacer algo. Como el resto de tipos de cuentas especiales, las cuentas del tipo Gurú ofrecen perfiles ampliados y una mayor cantidad de información del usuario.

- **Historia de reproducciones:** YouTube recuerda los videos que usted ha reproducido recientemente.

- **Inserción/reproductor insertable:** Puede hacer que los videos de YouTube aparezcan dentro de otras páginas Web y de otros blogs.

- **Lista de reproducción:** Una lista de reproducción es una recopilación de videos que se pueden reproducir en YouTube, compartir con otros usuarios o insertar en sitios web o blogs.

La lista de reproducción predeterminada es la de los videos incluidos en "Favoritos", pero se pueden crear tantas listas de reproducción como se desee.

- **Metadatos:** En el caso de los videos de YouTube, se trata del título, la descripción, las etiquetas, etc.

- **Músico (tipo de canal):** Una cuenta de músico es un tipo de cuenta de YouTube. Además de información del artista, las cuentas de músico permiten publicar una programación de fechas de espectáculo.

- **Página de perfil:** La página de su perfil en YouTube también se conoce como la página de su canal. Un canal es la página que puede ver el público en general y contiene la información del perfil del usuario, sus videos, sus favoritos, etc.

- **Página de visualización:** Todos los videos de YouTube tienen una "página de visualización". En esta página podrá encontrar toda la información relacionada con un video.

- **Político (tipo de canal):** Un canal de tipo político es un canal que sólo puede ser utilizado por un político establecido.

- **Programa de verificación de contenido:** YouTube se compromete a ayudar a los titulares de los derechos de copyright a encontrar y retirar del sitio el contenido presuntamente infractor. Para ello, ha creado una herramienta de verificación de copyright que ayuda a los propietarios de los derechos de copyright a buscar el material que consideran infractor, proporcionando a YouTube la información suficiente para poder encontrar ese material.
Esta herramienta está especialmente diseñada para que las empresas, con derechos de copyright, envíen varias solicitudes de retirada.

- **Subida:** Es contenido que está publicado en un servidor. Cuando suba videos estará cargando su archivo de video el servidor de YouTube, que lo alojará para compartirlo con otros usuarios.

- **Tipo de cuenta:** Existen varios tipos de cuentas disponibles para todos los usuarios: humorista, gurú, músico, director, reportero y YouTube. También existen otros tipos de cuentas (las de político y partner, por ejemplo) que sólo están disponibles para determinadas personas que las solicitan y que cumplen los requisitos necesarios para obtenerlas.

- **Videolog:** Un videolog suele ser la mayoría de las veces un video de alguien hablando a la cámara acerca de sus pensamientos con respecto a un determinado asunto. Los videologs suelen ser una publicación frecuente de videos de naturaleza personal que pretenden servir como diario o "registro".
Si hay otro término que no conozca, le recomiendo que vaya al sitio de "Ayuda de YouTube". En la parte "Opciones avanzadas", encontrará "Glosario".

» Pasos para crear una cuenta

1. Vaya a www.youtube.com

2. Cambie el idioma

En la parte inferior de la página encontrará la opción de cambiar el idioma de inglés a español.

3. Empiece a completar el formulario

Vale la pena que lea esto que dice al final del formulario:

"Si sube material que no le pertenece, infringirá los derechos de autor y la ley. Si sube material que no le pertenece, su cuenta se eliminará.

Si hace clic en "Acepto" a continuación, aceptará las Condiciones de uso de YouTube, las Condiciones de servicio de Google y la Política de privacidad".

La mayoría de las personas cuando están completando un formulario de inscripción no leen las condiciones y sin embargo hacen clic aceptándolas.

Le recomiendo que antes de firmar lea tanto las condiciones de uso de YouTube y Geoogle, como la política de privacidad, podría evitarle grandes dolores de cabeza.

4. Conecte su canal en YouTube a su cuenta de Gmail

Debido a que YouTube es una filial de Google, es imposible abrir una cuenta allí sin tener un correo de Gmail. Por lo que si la tiene, en esta parte del proceso se conectarán; si no, tendrá que abrir una cuenta en Gmail primero.

5. Comience a utilizar YouTube

Después de vincular las cuentas, vaya a donde dice "Comienza a utilizar YouTube".

- **Personalice su página de canal:**
  Al abrir esta página, en la parte de arriba encontrará todo lo referente a:
  - **Los boletines,** que no son otra cosa que la actualización que se envía desde este punto, llamado página de canales, a sus suscriptores.

  - **Configuración,** donde podrá cambiar el título, el tipo de canal si quiere hacerlo visible, escribir las etiquetas de búsqueda y si quiere que lo encuentren a través de su correo electrónico.
  - **Temas y colores,** le da la opción de personalizar su canal en su apariencia.
  - **Módulos,** tiene que ver con lo que usted quiere que se muestre en su canal como: actividad reciente, fechas de eventos,

suscripciones, amigos, moderador, suscriptores, comentarios y otros canales.

- **Videos y listas de reproducción,** que incluyen: qué comentarios le gustaría mostrar, diseño destacado, conjunto de contenido destacado, video destacado y la opción de mostrar la visualización "Todos".

Después de la parte de "Boletín", está la parte de "Perfil" donde podrá incluir datos importantes acerca de usted o su compañía. Editar la cantidad de filas para mostrar el número de suscripciones, suscriptores y amigos.

Además, decidir acerca de quiénes pueden comentar sobre el canal y la actividad reciente que ha tenido.

- **Suba y comparta su video**

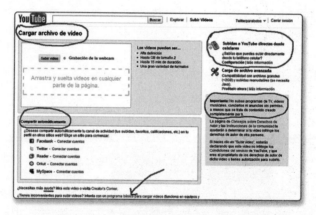

En esta página encontrará, además de la posibilidad de subir su video, varios aspectos muy importantes que vale la pena resaltar:

- Subidas a YouTube directamente desde su celular.
- Carga de archivo avanzada.
- La opción de conectar su cuenta de YouTube con Facebook, Twitter, Reader, Orkut y MySpace.
- Un programa básico para cargar videos, por si tiene algún inconveniente en hacerlo.

143

- Una nota muy importante sobre las condiciones de servicio que textualmente dice:

"Importante: No subas programas de TV, videos musicales, conciertos ni anuncios sin permiso, a menos que se trate de contenido creado completamente por ti".

La página de Consejos sobre Derechos de Autor y las Instrucciones de la comunidad te ayudará a determinar si tu video infringe los derechos de autor de otra persona.

Si haces clic en "Subir video", estarás declarando que este video no infringe las Condiciones del servicio de YouTube, y que eres el propietario de los derechos de autor de dicho video o tienes autorización para subirlo".

- Una invitación a promocionar los videos, con videos promocionados. Se acuerdan de los tweets promocionados, en los cuales le pagamos a Twitter para que destaque nuestros tweets, pues es el mismo concepto.

Videos Promocionados

http://www.//ads.youtube.com

Me llama la atención cómo el líder en promoción de videos en el mundo, sólo tenga videos en inglés para invitar a los usuarios a usar los videos promocionados.

Otras alternativas de publicidad paga

YouTube ofrece otras opciones de publicidad paga aparte de los videos promocionados. Están los anuncios en las páginas y los anuncios previos, muy similares a los comerciales televisivos.

El modelo de pago es similar al de las otras plataformas sociales. El de "costo por clic" o "costo por vista" en el que los anunciantes únicamente pagan cuando los usuarios hacen clic en los anuncios o ven los videos de publicidad.

También, al igual que las demás redes, los anunciantes pueden acceder a datos estadísticos, a través de sus cuentas Google AdWords o YouTube Insights.

- **Establezca las preferencias de su cuenta**

    Una vez haya completado el proceso y vuelva a entrar a su página lo podrá hacer dando su nombre y contraseña de usuario de su correo en Gmail y su página aparecerá así:

- En explorar, podrá ver las distintas categorías, los videos más vistos ese día, juegos, etc.
- Subir video, lo llevará a la página que ya vimos para poder publicar sus videos.
- Dónde está el nombre de su canal, el mío se llama "Twitter para todos", encontrará:
- Mi canal, lo llevará a la página donde puede hacer todos los cambios.
- Bandeja de entrada, aquí verá mensajes personales, comentarios, invitaciones de amigos, libreta de direcciones, etc.
- Cuenta, desde acá podrá hacer la configuración de su perfil (subir o cambiar su imagen, por ejemplo), de repro-

ducciones, del celular. También, las opciones del correo electrónico, el uso compartido de actividad, la privacidad y la administración de la cuenta.

- Suscripciones, le da la opción de suscribirse a sus canales favoritos y cuando estos tengan un video nuevo, este aparecerá aquí.
- Mis videos, aquí aparecerán todos los videos que usted haya subido a su canal, los comprados, los que quiere ver más tarde y las listas de reproducción.
- Favoritos, se refiere a la lista de sus videos favoritos.

Antes de terminar con este tema, quiero aclarar dos conceptos importantes:

» ¿Qué es YouTube Insights?

Según lo explica YouTube en su página, YouTube Insights es un producto de generación de informes y análisis internos de esta plataforma.

YouTube Insights le permite a cualquier usuario, que disponga de una cuenta de YouTube, tener acceso a estadísticas detalladas sobre los videos que ha subido al sitio.

Se muestran las reproducciones de los videos en un mapa y en una línea de tiempo interactiva, para que los usuarios puedan acceder a distintas regiones geográficas y ver la actividad de reproducción existente en esas regiones durante períodos de tiempo seleccionados.

Adicionalmente, les permite comparar la popularidad relativa de sus videos, con la de todos los demás videos en una determinada región.

Si desea consultar estadísticas de sus propios videos, vaya a "Cuenta", debajo de su nombre, y haga clic en "Estadística".

También, podrá ver las estadísticas de videos subidos por otros usuarios; sólo tiene que hacer clic en el botón de reproducciones situado debajo de cualquier reproductor de video de la página de visualización. Al hacerlo se ampliará un campo con los datos estadísticos de ese video.

YouTube Insights ofrece funciones y análisis adicionales, incluidos los datos demográficos de los usuarios que reproducen los videos, su actividad con ellos (duración de la reproducción, puntuaciones, comentarios, etc.) y un desglose de la forma de descubrimiento de los videos (por ejemplo, mediante búsquedas, mensajes de correo electrónico, inserciones, etc.).

» YouTube como soporte de la empresa moderna

YouTube es una herramienta muy útil para las empresas, estos son algunos ejemplos sobre cómo puede apoyar a los siguientes departamentos:

* **Atención al Cliente:** Dándole respuestas a los clientes acerca de los servicios que la compañía ofrece. Adicionalmente, puede crear videos que le faciliten a los clientes cómo usar sus productos de una manera simple.

- **Comunicaciones:** Si hay un evento para promocionar, qué mejor manera que hacerlo a través de un video viral: igualmente, si ha habido un importante logro en la compañía o un cambio significativo en ella. YouTube también puede ayudar a este departamento a contrarrestar una campaña negativa en contra de la empresa o de uno de sus productos. (Recuerdan el caso de Domino's Pizza?).

- **Recursos humanos:** YouTube puede ser muy beneficioso al apoyar este departamento. Por un lado, al crear y difundir videos para entrenar personal en determinadas áreas (con videos privados por supuesto). Por otro al reclutar personal, puede ser interesante que adicional al resumen, usted como empresario le solicite un video a su prospecto, para que le ayude a conocerlo mejor, antes de hacerle una entrevista.

- **Marketing:** Obviamente es el departamento que más se beneficia de YouTube, porque a partir de él su empresa puede:
- Conseguir exposición.
- Mantener actualizados a sus clientes con los nuevos productos.
- Visibilizar sus actividades empresariales.
- Fomentar la fidelidad de los clientes.
- Afianzar la marca.
- Generar compromiso.
- Mostrar el lado humano de su empresa.

» 20 estrategias para usar YouTube a beneficio de su empresa

1. **Esmérese en el contenido del video viral.** Hemos hablado de hacerlo con las demás redes sociales y YouTube, no es la excepción.

2. **Buena redacción.** Si un video viral tiene algo escrito, que esté bien redactado y con una ortografía impecable.

3. **No descuide la calidad.** Aunque digan que en YouTube los usuarios son más exigentes con la creatividad que con la calidad, no descuide este aspecto. Recuerde que ese video viral es la voz de su empresa.

4. **Trate de generar respuesta.** Puede ser haciéndole preguntas abiertas a usuarios sobre distintos tópicos relacionados, pequeñas encuestas o concursos. La idea es que usted se entere de su opinión y se establezca una CONVERSACIÓN entre ustedes, de la que tanto hemos hablado en este libro.

5. **Busque temas de moda y desarrolle su campaña, relacionándolos.** Obviamente tiene que tener en cuenta el tipo de audiencia a la que le va a llegar. De nada vale hacer una campaña relacionada con el mundial de fútbol, si usted vende zapatos para mujeres.

6. **Húyale a los temas polémicos.** Trate de sumar usuarios, no restarlos.

7. **Crée listas de reproducción.** Son una buena forma de clasificar las colecciones de videos virales; por ejemplo, se pueden crear listas individuales para cada uno de los servicios o productos que se van a promocionar.

8. **Busque los videos de la competencia.** Así no sea muy cercana a usted, verá cómo aprenderá de lo que se debe y no se debe hacer a la hora de publicar videos virales en YouTube.

9. **Invite a sus usuarios a darle ideas sobre sus productos o servicios.** Se sorprenderá de las cosas que podrán surgir de allí.

10. **Sea creativo.** Recuerde que la competencia es grande; en un minuto se suben 35 horas de video en YouTube.

11. **Creativo, y con buen gusto.** No se trata de salir con videos creativos pero grotescos; tenga en cuenta que la mayoría repudian este tipo de anuncios.

12. **Anticípese a las temporadas.** Como cualquier agencia de publicidad, anticípese a la época del año que viene y empiece a trabajar en el tema, para que sea uno de los primeros. Por ejemplo, tenga lista en octubre su campaña de navidad, para que en noviembre la empiece a publicar.

13. **Haga concursos y promociones.** Recuerde que los beneficios que puedan conseguir es una de las principales razones por la cual los usuarios participan en una red social. Haga un buen concurso, promociónelo en Twitter y Facebook y premie así la participación y fidelidad de sus clientes.

14. **Promueva causas y eventos no lucrativos.** Si su compañía va a participar en una caminata con algún propósito, por ejemplo. Haga un video invitando a la gente a que se una. Es una buena forma de mostrar su responsabilidad social como empresa.

15. **Interactúe con otros canales.** Si usted participa en otros canales de su sector, seguramente ellos harán lo mismo con usted.

16. **Trate que sus videos virales sean divertidos.** Eso le encanta a la gente, que seguramente seguirá viendo lo que su empresa haga en el futuro.

17. **Haga que los altos ejecutivos de la compañía participen informalmente en el video.** A mí no se me olvida el comercial de Pizza Papa John's, porque siempre veo al dueño hacer pizza.

18. **Invite a sus usuarios a crear sus propios videos:** pueden estar relacionados con sus productos o no, e inclúyalos en su canal si valen la pena.

19. **Elabore un video que no sea muy largo,** lo máximo recomendable es de 3 minutos, pero si es menos, mejor. Recuerde que los usuarios se aburren muy rápidamente.

20. **Optimice su video (SEO) en YouTube.** De nada vale tener un buen producto si no cuenta con la optimización necesaria para ser encontrado en el motor de búsqueda de YouTube. (Encontré un artículo muy interesante en una página de Facebook que se llama ventitrespuntocero y esta es la dirección, que no quise acortar por respeto a los autores: http://www.facebook.com/note.php?note_id=205971332753810

» 13 errores que no debe cometer como empresa en YouTube

1. **Usarse en lugar de los anuncios de televisión.** Si ya su empresa tiene comerciales televisivos, los videos de YouTube deben complementarlos, no reemplazarlos.

2. **No relacionar los objetivos de la empresa con los del video.** Ambos deben ir en la misma dirección, porque si no, puede terminar en un fracaso rotundo.

3. **No tener claro qué es lo que se quiere conseguir.** Como en todo, debe haber una estrategia previa qué implementar.

De antemano debemos saber si queremos que nuestros usuarios conozcan un nuevo producto, responder preguntas acerca del uso de uno de ellos, contrarrestar una campaña negativa, etc.

4. **Tener unas expectativas de éxito muy altas,** especialmente si se es una pequeña empresa con un presupuesto limitado.

5. Pensar que el éxito de los videos en YouTube es la regla y no la excepción, como en realidad lo es.

6. **Confundir los videos virales con comerciales en televisión.** Ambos promocionan un producto o servicio; la diferencia es la interactividad y el tipo de audiencia a la que llegan.

7. **No integrar a su sitio Web corporativo, su blog y sus páginas en Facebook y Twitter en la estrategia de YouTube.** Estos son las voces más potentes para atraer a sus usuarios a su canal y por ende a su video viral. Entonces por qué no aprovecharlos.

8. **No etiquetear videos.** Si no le coloca etiquetas a los videos que se suban al canal de su empresa con palabras clave, minimizará las posibilidades de que estos sean encontrados en el motor de búsqueda de YouTube.

9. **Creer que YouTube solamente sirve para promocionar un producto o un servicio.** No hay que olvidarse que a nadie le gusta la idea de un canal de televisión sólo de comerciales, pues bien, YouTube no es la excepción, hay que agregar diversión.

10. **Pensar que no hay nada más allá de YouTube.** Aunque sea el banco de datos de video más grande del mundo, hay otros, sitios como Vimeo, MetaCafe, Viddler, Brightcove y Blip.tv, que vale la pena explorar por parte de las empresas.

11. **Creer que YouTube es solamente para empresas con presupuestos muy grandes de publicidad.** Aunque el presupuesto es importante, no hay que olvidar que YouTube le da la posibilidad de promocionar sus productos y servicios a pequeñas y medianas empresas que no podrían pagar un anuncio en la televisión.

12. **Subir videos que no sean 100% realizados por usted.** Aunque YouTube prohibe subir videos con copyright, el material existe en abundancia en este sitio.
Sin embargo, usted como empresario tiene esa práctica más prohibida aún. Si alguien se da cuenta de esta situación, generaría una situación muy negativa para la imagen de su compañía o marca.

13. **Suponer que el éxito solamente está en el número de vistas de un video viral.** Hay que analizar otras variables, como el grado de receptividad, visibilidad y el compromiso generado, etc.

Aunque sería ideal que un gran número de usuarios haya visto nuestro video viral, si fueron pocos, pero respondieron, entonces la campaña funcionó.

Lo cierto es que los videos virales en la Web cada vez están cobrando más importancia entre los usuarios. Por qué leer las instrucciones sobre cómo armar un mueble, si puedo ver un video que me va a ayudar más?

Recuerde que una imagen vale más que mil palabras y sáquele provecho a esto. Además, el boca a boca funciona mucho mejor cuando se VE lo que se está recomendando.

Estoy segura que las empresas y marcas que primero adopten esta herramienta como tipo de promoción y lo hagan eficazmente, llevarán la delantera sobre los competidores que aún no se acercan a ella.

En el próximo capítulo veremos la importancia de la conexión de las redes sociales entre sí y los sitios más importantes para administrarlas eficientemente.

Capítulo 9

Conexión y administración de las redes sociales

Hace poco hablaba con un pequeño empresario venezolano, quien me confesaba que solamente tenía presencia en Twitter, porque temía que el estar en otras redes le iba a quitar mucho tiempo.

La hablé acerca de la posibilidad de conectar las redes, para que con sólo actualizar Twitter, por ejemplo, su mensaje le llegara automáticamente a otras redes, sin que esto representara una inversión de tiempo adicional de su parte.

Hay dos maneras de integrar las redes sociales para administrarlas de una manera eficiente: una es conectándolas entre sí desde ellas mismas y la otra (La más popular entre las empresas) es utilizando aplicaciones gratuitas y pagas, que las enlacen y obviamente nos hagan más fácil la gestión.

» Conexión de redes a partir de cada una de ellas

- **Desde su Blog en Wordpress**
  Desde su blog en Wordpress puede hacer conexión a Facebook, Twitter, Yahoo Updates y Messanger Connect:
  - Vaya a su página en Wordpress.
  - Seleccione Mi Sitio.
  - Escoja Escritorio.
  - Haga clic en Ajustes.
  - Elija compartir.
  - Ahí tendrá la opción de seleccionar entre Facebook, Twitter, Yahoo Updates y Messanger Connect.

- **Desde Twitter**

Desde su página de Twitter puede hacer conexión a Facebook y a su blog:

- Vaya a su página de Twitter
- Seleccione Perfil en la parte derecha de la página, justo debajo de donde están sus seguidores y seguidos.
- Haga clic en Recursos.
- Seleccione la opción Widgets.
- Escoja entre Mi sitio Web y Facebook, dependiendo la que quiera conectar.
- Siga las instrucciones de conexión.

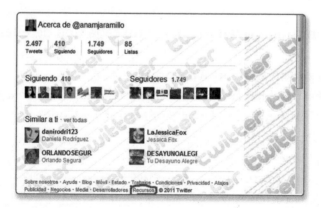

- **Desde Facebook**

Desde su página de Facebook puede hacer conexión a Twitter.

156

- Vaya a su página de Facebook y ábrala.
- Diríjase a http://www.facebook.com/twitter/.
- Desde ahí podrá ligar su página de Facebook con su perfil de Twitter.

* Con su página abierta en Facebook vaya a http://www.facebook.com/foursquare/ y encontrará su propio tab de Foursquare de Placewidget.

- **Desde Linkedin**
  Desde su página de Linkedin puede hacer conexión a Twitter y a su blog en Wordpress:

- Vaya a su página de Linkedin.
- Seleccione Perfil, en la parte superior izquierda de su página
- Luego vaya a Editar Perfil.
- Busque Aplicaciones.
- Escoja Añadir aplicación.
- Elija entre Wordpress y Tweets (Twitter), dependiendo la que quiera conectar .
- Seleccione Ir a la aplicación.
- Siga las instrucciones de conexión.

Al tratar ambas conexiones aparecerá una advertencia que dice esta aplicación está sólo disponible en inglés y puede no funcionar correctamente si utiliza la interfaz en otro idioma (a mí esto nunca me ha ocurrido).

Esta configuración puede revocarse en cualquier momento desde su cuenta de Twitter, al ir a "Configuración" y después a "Conexiones", ahí encontrará no sólo la cuenta de Linkedin, sino todas las demás aplicaciones que usted ha permitido unir con su cuenta de Twitter.

Recuerde, para que los tweets lleguen a Linkedin, su cuenta en Twitter debe ser pública.

Si quiere compartir actualizaciones de Linkedin en Twitter, debe marcar la casilla que aparece junto al icono de Twitter en su página de Linkedin. Siempre que se marque la casilla de Twitter, la actualización se publicará.

- **Desde Foursquare**

Desde su página de Foursquare puede hacer conexión a Facebook y Twitter:

- Vaya a su página de Foursquare.
- Seleccione Configuración, en la parte superior derecha.
- Elija Cuentas vinculadas.
- Escoja entre Twitter y Facebook.
- Y seleccione en cada una si desea compartir automáticamente los check-ins, los mayorships y los badges.
  En "Conexiones" verá cuáles aplicaciones tienen su permiso para acceder a sus datos e historial de check-ins.

- **Desde YouTube**

Desde su página de YouTube puede hacer conexión a Facebook y Twitter:

- Vaya a su página de YouTube.
- Vaya a la parte superior derecha donde está su nombre de usuario, oprima allí y luego seleccione Cuenta.
- Escoja la opción Uso compartido de la actividad.
- Seleccione la red que quiera conectar: Facebook y Twitter, además de Reader, Buzz, Orkut y My Space.
- Elija qué tipo de actividades quiere compartir.
- Guarde los cambios.

» Conexión a través de aplicaciones

Las aplicaciones para integrar las redes tienen grandes ventajas y le pueden ayudar a:
- Clasificar y administrar la información.
- Reducir el tiempo de administración.
- Maximizar sus recursos.
- Tener una historia de la retroalimentación recibida por parte de sus usuarios.

» 11 herramientas de integración de redes sociales

1. Tweetdeck ▪ http://www.tweetdeck.com/
Es uno de los sitios más populares de integración de redes. Puede cambiar su página a español. Se describe como un navegador personal, que en tiempo real lo conecta con sus contactos en Twitter, Facebook, MySpace, Linkedin, Foursquare, Google Buzz y otras redes sociales. Pronto tendrá aplicaciones para el iphone y el ipad. Es gratuito y es uno de mis recomendados.

2. Twitterfeed ▪ http://twitterfeed.com
Es una aplicación que permite que lo que escriba en su blog salga en su perfil de Twitter y en su página de Facebook. Si solamente tiene presencia en esas redes sociales, puede ser una buena opción.

3. Ping.fm ■ http://ping.fm/

Actualiza simultáneamente los mensajes hasta en 33 redes sociales, como Twitter, Facebook, LinkedIn, Blogger, Wordpress y Flickr, entre otros.

4. Cotweet ■ http://cotweet.com/

Excelente herramienta para pequeñas o grandes empresas. Integra a las cuentas de Facebook y Twitter. Entre sus clientes están: CareerBuilder, Citi, Coca-Cola, Delta Airlines, Kelley Blue Book, L.L. Bean, McDonald's, Microsoft, Sprint, Staples, Universal Music Group, Whole Foods, entre otros.

5. Seesmic ■ http://seesmic.com/

Funciona en cualquier browser, cuenta con aplicaciones para los dispositivos móviles e integra un máximo de 50 redes. También es muy conocida; tiene una sección de prensa que incluye artículos que han hablado sobre la compañía, como el New York Times, por ejemplo.

6. Hootsuite ■ www.hootsuite.com

Integra Twitter, Facebook, LinkedIn, WordPress y Foursquare, entre otros. Tiene una opción gratuita (hasta cinco redes, dos alarmas de noticias -RSS- y análisis de Google Analytics ilimitados) y una paga, U$ 5.99 al mes (Número ilimitado de redes y alertas de noticias –RSS-, conexión con Google Analytics, además de un informe mensual con estadísticas del uso de las redes).

7. Zbang ■ www.zbang.it

Sincroniza Facebook, Twitter, Picasa, YouTube y Gmail, entre otros. Requiere previa instalación. Una de sus ventajas más reconocidas es poder publicar fotos simultáneamente en Facebook, Picasa y Flickr.

8. Xummi ■ www.xummi.com

Le permite manejar simultáneamente los perfiles en Facebook, Twitter y YouTube, entre otros. También permite conectar cuentas de chat. Ofrece opciones gratuitas para iPhone, Android, Nokia, BlackBerry y Windows Phone

9. Posting ■ www.posting.com

Incluye Facebook, Twitter, LinkedIn, WordPress, Tumblr y Flickr. Tiene 3 planes, uno básico, que es gratis y dos pagos de U$9 y U$ 49 al mes. Permite crear publicaciones automatizadas en varias redes.

10. Yoono ■ www.yoono.com

Es una extensión gratuita para Firefox que administra Twitter, Facebook, Flickr, LinkedIn, Live Messenger, Yahoo Messenger y Gtalk. Permite el envío de mensajes, enlaces y fotos mensajes.

11. Sobees ■ http://www.sobees.com/social-media-clients/sobees-desktop-application

Gestiona Facebook, Twitter, Linkedin y Myspace desde un sólo sitio. Con aplicaciones para Ipad y Android.

En el próximo capítulo veremos uno de los aspectos que más preocupa a las empresas y marcas: la reputación online y cuáles son las formas de monitorear nuestra presencia en la Web.

Capítulo 10

Reputación online, formas de medición y monitoreo

» ¿Qué es la reputación online?

Hay un proverbio italiano que dice: Una onza de reputación, vale más que mil libras de oro.

Cuántas empresas construyen sus marcas alrededor de unas buenas prácticas, y cuando un hecho desafortunado se da a conocer, terminan condenadas a la "Picota pública".

Recuerdan el caso de Domino's Pizza en Estados Unidos? Donde un empleado, por hacerse el gracioso, fue filmado por una compañera haciendo cosas desagradables con su nariz, mientras preparaba la pizza….

Antes de la Web 2.0, ese video solamente habría sido conocido por unos cuantos y la reputación de la empresa no se habría afectado significativamente.

Sin embargo, el publicar el video en YouTube y hacerle "algo" de promoción en las redes sociales, fue suficiente para que se regara por la Web y se afectara, no solo la reputación online, sino la reputación offline, la que está fuera de la Web.

Según Wikipedia, la reputación online o reputación digital (RD), es el reflejo del prestigio o estima de una persona o marca en la Web.

Aquí hay un valor fundamental que se altera cuando la reputación online es negativa y es la confianza. Esa percepción que todos tenemos sobre la huella digital que una empresa, una marca, un servicio o una persona tienen en la Web.

Muchas empresas piensan que al no tener abiertos perfiles, páginas o canales en las redes sociales, carecen de reputación. Qué equivocadas están!

El sólo hecho que ofrezcan un producto o servicio al público, las hace susceptibles de que este sea calificado; y la Web se ha convertido en el escenario natural de los usuarios para comentar acerca de los productos y servicios que consumen.

Entonces, partiendo de esa base, cualquier empresa o marca que quiera tener una presencia exitosa en las redes sociales, tiene que empezar por analizar qué es lo que se ha dicho en el pasado sobre ella y cuál ha sido su respuesta al respecto.

Cualquiera de las herramientas que veremos en este capítulo acerca del monitoreo, podrá servirle para conocer su reputación online. Esta información es muy importante a la hora de elaborar su plan de social media.

No es lo mismo empezar con una empresa que genera confianza en la Web, que con una que ya ha tenido comentarios negativos o nunca los hubiera tenido.

He preparado un sencillo esquema para ilustrar los pasos:

Monitoreo→Evaluación→Respuesta→Revisión de
estrategia inicial→seguimiento.

1. Monitoreo

¿Qué es monitoreo digital?

Es el proceso de continuo seguimiento de lo que se dice acerca de empresas, marcas, productos, servicios o personas en la Web.

¿Por qué es tan importante monitorear la reputación online?

Porque quien tiene la información, tiene el poder. Si usted conoce a tiempo lo que se dice de su empresa, tendrá las herramientas necesarias para reaccionar en forma efectiva y redefinir (si es necesario) su estrategia inicial.

Además, por ser canales abiertos de información, las redes

sociales enfrentan a las empresas y marcas, a la crítica de los usuarios, como nunca antes.

Veamos un ejemplo que nos ilustre la importancia del monitoreo digital:

Juan Esteban tiene un negocio de comida saludable a domicilio. Su mercado lo componen ejecutivos que no tienen tiempo para salir a almorzar. Un día un cliente encuentra un pelo en su comida y decide escribir un tweet diciéndolo.

Ese mensaje le llega a todos los seguidores de su cliente en Twitter y sus amigos de Facebook, porque las cuentas están conectadas.

Un total de 500 personas lo leen; sin embargo muchas de ellas, a su vez, reenvían el mensaje. Total, muchas personas terminan leyéndolo.

La ventaja es que Juan Esteban siempre está monitoreando la reputación de su negocio en la Web, por lo que recibe una alerta.

Evalúa la situación y decide responder inmediatamente, pidiendo disculpas y mostrando un video con el personal de su empresa cocinando y empacando los alimentos. Haciendo énfasis en que SIEMPRE están con guantes y gorros.

Qué hizo bien este empresario? Tener la información a tiempo, que le permitiera reaccionar antes que la reputación de su negocio sufriera daños significativos.

¿Quién tiene en la empresa la labor de monitorear la reputación en la Web?

El gestor de medios sociales o "Communiy manager" es quien hace un monitoreo constante de la reputación online, a través de los comentarios, menciones y actualizaciones que se hagan en la Web acerca de la empresa o marca.

Con base en esta información, este profesional elabora distintas estrategias de participación, que permitan el crecimiento exponencial de la comunidad de la empresa.

¿Cómo monitorear su reputación en la Web?

Antes de empezar a usar las distintas herramientas de monitoreo, tenga presente las siguientes preguntas:

- ¿Hasta ahora cómo ha sido la interacción con sus seguidores?
- ¿Está llegando el mensaje de la empresa o marca adecuadamente a ellos?
- ¿Cómo han reaccionado a sus mensajes?
- ¿Ha estado respondiendo a los mensajes de sus usuarios?
- ¿La mayoría de los comentarios sobre su empresa o marca son positivos, negativos o no hay comentarios?
- ¿Cómo está la reputación online de su competencia?

¿Quiénes son las marcas líderes en reputación online?

eBay es la marca con mayor índice de reputación online en el mundo. Así lo reveló un estudio elaborado por la firma Alterian en febrero del 2011. El informe califica a las empresas con base en un índice llamado SMR (Social Media Reputación) desarrollado por la agencia de social media Yomego, que mide la eficacia de las marcas en las redes sociales. La escala de calificación va de 1 a 100 y se basa en los siguientes factores:

- El alcance (El ruido que se crea alrededor de la marca).
- La difusión (Cuántas personas están hablando de la marca).
- La popularidad de la marca (Si lo que se dice es positivo o negativo).
- Experiencia reciente (Lo que da una idea de la actualidad de la marca).

Una vez recopilados estos datos, son analizados por un grupo de personas en forma individual, quienes le dan el toque "humano" a la interpretación de los comentarios de los usuarios. Es decir si fueron hechos con sarcasmo, ira, etc. Algo difícil de detectar por parte de un sistema automatizado.

Alterian afirma en su informe que son las empresas de tecnología las que cuentan con mejor reputación online. De hecho, la primera compañía en aparecer que no es de este sector es Gucci (6 lugar).

Estas son las 10 marcas con mejor reputación online en el mundo y su puntaje SMR:

1. eBay   92.29 Puntos
2. Apple   88.61
3. Google   87.00
4. Blackberry   85.25
5. Amazon   83.38
6. Gucci   83.25
7. Ford   81.67
8. MTV   81.50
9. Samsung   80.06
10. Yahoo   70.18

¿Por qué eBay quedó en el primer lugar?

Según dice el informe las claves para que eBay esté en el primer lugar radican en que, además de tener una fuerte presencia en Twitter, Facebook y sus blogs corporativos, tiene un alto grado de participación en los foros virtuales.

También,, cabe destacar que los usuarios de Facebook pueden realizar compras a través de esta red social, utilizando PayPal.

David Eldridge, CEO de Alerian, sostiene que las marcas que acumulan un índice mayor de SMR, son las que están siendo capaces de optimizar los canales de comunicación con sus usuarios, logrando retroalimentación de información transparente y eficaz.

Entonces, ¿Qué podría uno decir de las grandes marcas ausentes en esta lista de las 10 primeras? Que los canales de diálogo que están estableciendo en las redes sociales con sus consumidores, no son los adecuados?

Esto coincide con un anuncio de Coca Cola en reducir un 6.6% su presencia publicitaria en televisión para reforzarla en las redes sociales.

» 35 herramientas claves de monitoreo y obtención de información de las redes sociales

Hay muchas aplicaciones que pueden ayudarle a hacer un seguimiento regular acerca de la reputación que su empresa o marca tiene en las redes sociales. Estas son las más importantes:

1. **Google Alerts** ■ **http://www.google.com/alerts**
    Estas alertas de Google son un servicio muy eficaz que le avisa cada vez que su marca, empresa o nombre aparece en la Web. Es gratuita.

2. **Google Blog Search** ■ **http://blogsearch.google. com/**
    Es una excelente herramienta para buscar lo que se dice en los blogs. Es gratuita.

3. **Technorati** ■ **http://technorati.com/**
    Es el buscador de blogs más grande que existe en la Web, muy útil para monitorear los blogs de la competencia.

4. **Websitegrader** ■ **http://websitegrader.com/**
    Este servicio le ayudará a saber cómo está su sitio en temas de optimización.

5. **Blogpulse** ■ **http://www.blogpulse.com/**
    Es muy útil a la hora de saber qué se habla en la blogosfera. Le da la oportunidad de conocer qué se dice de su empresa o su marca en los blogs. Es gratuito.

6. **Addict-o-matic** ■ **http://addictomatic.com/**
    Le brinda la posibilidad de saber qué se dice de su marca,

empresa o nombre simultáneamente Twitter search, YouTube, WordPress, Flickr, Friend Feed, Bing, Blog Search, entre otros. Es gratuito.

7. **Socialmetrix** ■ **http://www.socialmetrix.com/**

Esta es una de mis herramientas recomendadas. Según ellos su labor es desarrollar tecnología que haga posible escuchar, analizar y entender las opiniones de las personas online sobre su marca, productos y servicios. Es multicultural, fue desarrollada en Argentina, y tiene la virtud de detectar palabras clave en forma semántica en cada país de Latinoamérica. Actualmente, SocialMetrix puede prestar servicios de monitoreo de información y medios online en todos los países de habla española, inglesa o portuguesa. Tiene un costo inicial de configuración y luego un costo mensual de servicio.

8. **BoardReader** ■ **http://boardreader.com/**

Es una herramienta muy útil para buscar conversaciones en los foros relacionadas con su empresa, marca o nombre. Es gratuita.

9. **Nielsen** ■ **www.nielsen.com**

Ofrece ThreatTracker, un servicio que alerta cuando hay alguna acción negativa contra su marca y la compara con la competencia y Buzzmetrics, un servicio que monitorea el comportamiento de la marca, a través de lo que dicen los consumidores.

10. **Linkdex** ■ **http://www.linkdex.com**

Es una excelente aplicación para conseguir información acerca del comportamiento en línea de sus clientes y competidores. Tiene planes que van desde U$ 49 a U$ 1,000, aunque puede probar el plan básico por 30 días en forma gratuita.

11. **Social Media Mention** ■ **http://www.socialmention.
com/**

Es una de las más conocidas y fácil de usar. Le permite ver
los comentarios positivos, negativos y neutrales, las palabras
claves asociadas y los usuarios más activos, entre otros. Es
gratuita.

12. **Whostalkin** ■ **http://www.whostalkin.com/**

Es una herramienta que le da la opción a los usuarios de
buscar las conversaciones alrededor de los temas que más
les interesan. Ya se trate de su deporte o comida favorita,
celebridad, o el nombre de su marca o empresa; Whostalkin
puede ayudarle a unirse a las conversaciones que más le interesan. Es gratuito.

13. **How Sociable** ■ **www.howsociable.com/**

Es una buena herramienta gratuita que le muestra su grado
de visibilidad en la red. Sin embargo, si tiene un nombre
tan común, como el mío, se va a topar con que aparece en
redes sociales que ni siquiera conocía. Definitivamente es
más conveniente para empresas y marcas, que para indivi-
duos. Es gratuita.

14. **Postrank** ■ **http://www.postrank.com/**

Esta aplicación se describe así misma; como una plataforma se puede rastrear y compartir la publicación de posts
en tiempo real. Puede generar informes estadísticos muy
interesantes.

15. **Knowem** ■ **www.knowem.com**

Le da la opción de monitorear el nombre de su empresa
o marca en un gran número de redes sociales. Es un buen
lugar para saber dónde está aún disponible ese nombre y
registrarlo. Es gratuito.

16. Trackur ■ www.Trackur.com

Es una buena herramienta para chequear su marca y reputación en las redes sociales. Monitorea las palabras claves que se le dan y organiza los resultados. Es muy útil en el seguimiento de campañas de mercadeo. Los precios van desde U$ 18 hasta U$ 377 al mes.

17. Majestic SEOc http://www.majesticseo.com/

Le permite conocer muchas características de sus competidores. Es uno de los instrumentos de análisis de mercadeo más útiles. Necesita registrarse. Tiene planes gratuitos y pagos.

18. Radian6 ■ http://www.radian6.com/

Este servicio le permite monitorear y analizar todas las conversaciones que están sucediendo en tiempo real a través de toda la Web. Analiza el sentimiento de cada conversación, identifica a los usuarios influyentes y el lugar donde están participando más activamente. El costo mensual empieza en U$600.

19. Backtype ■ http://www.backtype.com/

Es una plataforma de análisis que ayuda a las empresas a entender su impacto social. Hace el seguimiento de conversaciones sobre un tema específico. Es gratuita.

20. Monitter ■ http://monitter.com/

Esta aplicación permite saber, en tiempo real, quién habla de su marca y qué está diciendo. Es gratuita.

21. Conversocial ■ http://www.conversocial.com

Esta herramienta le da la opción de cruzar información acerca de sus seguidores y su actividad.

Herramientas para Twitter

22. Retweetrank ■ http://www.retweetrank.com/
Le da la posibilidad de saber, el número de veces que su mensaje ha sido reenviado a otros en Twitter. Muy útil para que sepa qué parte del contenido publicado es novedoso y adicionalmente para dar las gracias a quienes hicieron retweet. Es gratuito.

23. Tweet Beep ■ http://tweetbeep.com/
Este servicio hace seguimiento de palabras claves de Twitter, le ayuda a saber qué se dice sobre su marca o empresa. El programa Premium cuesta U$ 20 al mes.

24. Klout ■ http://klout.com/
Es una excelente herramienta para medir la influencia de su empresa o marca en Twitter. Es gratuito.

25. Twitter Grader ■ http://twitter.grader.com/
Esta aplicación le muestra el grado de influencia que tiene en Twitter, con base en el número de seguidores, seguidos y mensajes enviados. También le envía alertas sobre su presencia en Google, Linkedin y Twitter para ayudarle a mantener ese grado de influencia. Es gratuito y uno mis preferidos.

26. Hashtracking ■ http://klout.com/
Este servicio hace medición y análisis de los Hashtags de Twitter. Ofrece desde reportes gratuitos, hasta pagos.

27. Shotools ■ http://es.shotools.com/
Esta aplicación le da la posibilidad de segmentar a los seguidores que su empresa o marca tengan en Twitter. Está en inglés y español. Lo puede probar gratis por 15 días.

28. Perindex ■ http://www.peerindex.net/
Es una buena manera de saber quiénes son los usuarios más influyentes de su sector. Es gratuita.

29. Twoolr ■ http://twoolr.com/pricing
Le ofrece importantes estadísticas acerca de su cuenta de Twitter. Tiene dos planes: Uno gratuito y otro de U$ 9.90 al mes.

30. Backtweets ■ http://backtweets.com/
Este servicio sirve para ver el alcance de su cuenta de Twitter. Es pago.

31. Trendistic ■ http://trendistic.com/
Esta aplicación permite seguir las tendencias acerca de una marca, producto o tema.

Herramientas para Facebook

32. Facebookgrader ■ http://facebook.grader.com/
Esta herramienta le ayuda a conocer los fans que su empresa o marca tiene en Facebook.

33. Open Facebook Search ■ http://openfacebooksearch. com/
Es un buscador que da la posibilidad de encontrar aquellas conversaciones que son públicas en Facebook, en las cuales puede ver lo que se dice de su empresa o marca.

34. Kurrently ■ http://www.kurrently.com/
Esta aplicación le permite encontrar contenidos relacionados con su marca o empresa en la Web.

35. Usted y sus personas cercanas
Si, lo leyó bien. Usted, sus colegas, amigos y familiares pue-

den convertirse en una excelente herramienta para conocer lo que piensa el público. Pregúntele a la gente que le rodea sobre lo que piensan de su empresa, marca o producto. Si sabe cómo hacer las preguntas, se sorprenderá con la buena información que podría conseguir.

Todas estas herramientas le proporcionarán valiosa información. Lo importante es que identifique cuáles son las indicadas para su empresa y elabore su propio método de trabajo, enfocado en su negocio, explicando lo que significa cada indicador y planteando alternativas de solución, si es que llegase a ser preciso.

2. Evaluación

Una vez sepa lo que se dice de usted o su marca, revise todos los comentarios individualmente: la fuente, el alcance, el momento en que ocurrió y el riesgo que representa.

Dentro de los comentarios va a encontrar tres tipos: positivos, neutrales y negativos.

Los positivos revíselos muy bien, porque con ellos se dará cuenta qué es lo que está haciendo bien. Utilícelos como un refuerzo para su estrategia inicial. También le pueden servir, en un momento dado, para contrarrestar una campaña negativa.

Los comentarios neutrales pueden ser solicitudes de información adicional o la formulación de alguna pregunta. Sin embargo, evalúe qué pudo haberles faltado para que fueran positivos (probablemente la información no fue clara y creó confusión).

Con las opiniones negativas tenga mucho cuidado, pues este tipo de mensajes tiende a ser amplificado en los medios sociales. Por lo que es necesario evaluar quién los va a leer y medir cuál será la influencia (evalúe el riesgo); a veces no vale la pena preocuparse mucho por ellos porque son casi invisibles; sin embargo no los subestime.

Trate de contestar las siguientes preguntas acerca de los mensajes negativos:

- **Quién los dice:** Analice el perfil de autor de la crítica.
- **Dónde se dijeron:** Cuál fue el la plataforma social utilizada.
- **Cuándo se dijeron:** En qué contexto se escribieron.
- **Cuál fue la razón:** Es indispensable identificar si la crítica es producto de un hecho aislado, una situación recurrente o proviene de un cliente resentido.
- **Quién los va a leer:** No tiene el mismo efecto viral un mensaje negativo de alguien que tiene 20 seguidores, que el de 5,000. Aunque, no hay que subestimar a los usuarios que no participan activamente en las redes sociales, puede ser que el malestar en contra de su marca, lo estimulen a hacerlo.

En este punto trate de ser lo más objetivo posible y reconozca en cada uno de los comentarios negativos una oportunidad para corregir errores en su estrategia y establecer una conversación franca y honesta con los usuarios inconformes. La idea es que, en el futuro, ellos sean los autores de comentarios positivos acerca de su empresa.

También puede ocurrir que su visibilidad en la Web sea nula, razón por la cual no genere ningún tipo de comentarios, algo que tampoco debe dejar que suceda. Busque la causa de la falta de respuesta y corrija su estrategia inicial, porque definitivamente no está funcionando.

Nota: Al empezar a tener presencia en las redes sociales, lleve un recuento ordenado de las preguntas, quejas, solicitudes y problemas que ha tenido y su solución. Esto le servirá para cuantificar y cualificar mejor su experiencia en social media y por ende a maximizarla.

3. Acción o respuesta

Nunca ignore un comentario, no importa la naturaleza de este. Trate de agradecer los comentarios positivos públicamente, eso motivará no sólo a quienes los escribieron, sino a los demás miembros de su comunidad. Además será su mejor campaña de publicidad. Si los comentarios neutrales están relacionados con la solicitud de información adicional o preguntas, trate de responder de una manera eficaz y rápida. Esto será muy beneficioso para la imagen de la empresa, pues el usuario se sentirá valorado por ella.

Con los comentarios negativos las respuestas varían de acuerdo a cada caso. Sin embargo, generalmente las opciones se limitan a guardar silencio, responder, tratar de borrar o sacar de la Web el mensaje en cuestión o crear un foro alrededor de la queja, para que entre todos los usuarios y la empresa, se trate de solucionar el problema.

Hay ocasiones que lo más adecuado es dejar pasar los comentarios sin contestarlos, porque al hacerlo se magnifica aún más el problema. Sin embargo, si decide responderlos, estas son algunas sugerencias para tener en cuenta:

- Use un lenguaje respetuoso.
- Sea lo más honesto posible y si hubo error o negligencia, reconózcalo en forma profesional.
- Trate de establecer un diálogo parejo, no se sienta superior porque representa a una empresa, no importa el tamaño de esta.
- Actúe con rapidez. Recuerde que ahora Internet actúa en tiempo real y se requiere responder de manera eficaz en el menor tiempo posible.
- Identifique usuarios reales que estén dispuestos a defender la marca y pídales que lo hagan públicamente con su propio testimonio.
- Sepa cuándo terminar la conversación.
- Agradezca el tiempo de la otra persona.

4. Revisión de la estrategia inicial

De ser necesario revise su estrategia y haga los correctivos pertinentes para que las situaciones que generaron comentarios negativos no se vuelvan a dar. Igualmente, si hubo una ausencia de ruido y de su empresa "nadie habló", tome acción. Porque si hay algo peor para una empresa que hablen mal que ella, es que NO HABLEN.

5. Seguimiento

Una vez haya respondido a los comentarios a su alrededor y puesto el plan en acción, con los correctivos necesarios para mejorar su reputación online, es indispensable que siga utilizando diariamente las mismas aplicaciones para monitorear la evolución de su empresa o marca en la Web.

» 10 claves para construir y mantener nuestra reputación digital

1. **Suscribirse a todas las alertas posibles.** Si por alguna razón se olvidó monitorear, pues las alertas le dirán si algo está pasando con su marca o empresa en la Web.

2. **Ser sencillo.** Una actitud arrogante no le ayuda a nadie a establecer un diálogo sincero con nadie y menos en las redes sociales.

3. **Crear foros.** Especialmente si hay un problema específico qué resolver con los usuarios, esa es su forma de dar la cara. Verá como algo negativo se convierte en positivo ante su comunidad al ver su alto grado de interés por oír y participar en las conversaciones de sus usuarios.

4. **Mostrar el lado humano de su empresa.** Esto es importante, porque pone a usuarios y empresa a conversar en el mismo nivel, de Tú a Tú.

5. **Personalizar sus repuestas, tanto a críticas como a felicitaciones.** No hay nada que haga sentir mejor a la gente que la llamen por su nombre.

6. **Conocer a sus seguidores.** Trate de establecer parámetros entre ellos que le sirva de base para el desarrollo de contenido futuro.

7. **Mostrar optimismo.** No hay nada que se contagie más que los sentimientos de optimismo y pesimismo; opte por lo primero, sus usuarios a través de la Web lo percibirán y se lo apreciarán.

8. **Ser honestos y transparentes.** Esta es una de las cosas más importantes al construir cualquier reputación y la online no es la excepción. Si se equivocó asúmalo, verá como su comunidad se lo reconocerá, dándole su confianza.

9. **No hablar de temas polémicos.** Evite entrar en discusiones que no tienen que ver con su empresa o marca, pero que sí dividen a la comunidad.

10. **Divertirse.** Aunque estar como empresa o marca presente en las redes sociales no es cuestión de juego, diviértase haciéndolo. Demostrará así, que tiene verdadera pasión por su trabajo y obviamente por sus clientes.

Es claro que el éxito de nuestra presencia en las redes sociales no está basado únicamente en la calidad de nuestro contenido, sino también en la reputación online de nuestra marca o negocio. Que no es otra cosa que la percepción y el índice de confianza que se tiene de nosotros en la Web.

Recuerden:
No es solamente SER bueno, sino PARECERLO.

En el siguiente capítulo veremos la importancia de conocer las reglas de cortesía y las condiciones de uso y privacidad en las redes sociales.

Capítulo 11

Reglas de cortesía, condiciones de uso y políticas de privacidad

» Reglas de cortesía

A diferencia de los medios de comunicación tradicionales, en las redes sociales, usted SÍ puede conversar con su receptor y como en todo diálogo hay reglas no escritas que deben respetarse. Estas son 20 de ellas:

» 20 Reglas de cortesía para interactuar en las redes sociales

A diferencia de los medios de comunicación tradicionales, en los medios sociales usted sí puede conversar con su receptor y como en todo diálogo, hay reglas no escritas que deben respetarse. Estas son algunas de las más importantes:

1. No use lenguaje inapropiado.

2. Tenga una actitud positiva y acostumbre a no quejarse.

3. Respete todas las opiniones, así sean contrarias a la suya.

4. Evite enfrentamientos y polarizaciones.

5. Cuando esté intercambiando opiniones, espere a que la otra persona termine de escribir la suya, no le interrumpa.

6. No etiquetée a nadie que no le haya dado su expreso consentimiento para hacerlo.

7. No utilice mayúsculas en su mensaje, eso significa gritar y es muy mal visto por los usuarios educados de la Web.

8. Evite las abreviaturas, trate de ser creativo y en lo posible, escriba palabras completas.

9. Si va a hacer un RT en Twitter, trate de leerlo antes. Muchas personas reenvían contenido guiándose sólo por el título y sin haberlo revisado previamente. Trate de no hacerlo, sus seguidores podrían llevarse una sorpresa desagradable.

10. Cuando reenvíe un mensaje, SIEMPRE incluya la fuente original, de lo contrario se verá como un "robo" de información.

11. Tenga cuidado con la redacción y ortografía. Hay personas que se ofenden cuando una compañía trata mal el idioma en sus mensajes en redes sociales.

12. No promueva su blog, servicios o productos con mensajes consecutivos, esto generará mucho malestar entre los usuarios y posiblemente dejen de seguirlo.

13. No publique publicidad en muros de Facebook ajenos.

14. No utilice los mensajes directos como medio para promocionar su empresa, marca y/o servicio, pues el efecto será contraproducente.

15. No sea un spammer, (Es decir, no envíe mensajes comerciales no solicitados). No sólo es una herramienta terrible de mercadeo, sino de muy mala educación.

16. Trate de agradecer a cada persona que le dé un comentario, bueno o malo sobre su empresa. Verá que es la mejor manera de iniciar una buena conversación.

17. Cuando le responda a alguien, hágalo usando el mismo canal. Con esto el diálogo quedará establecido.

18. No escriba mensajes alarmistas, recuerde que si hay una situación de pánico, es necesario mantener la calma.

19. Tenga el mismo comportamiento ejemplar en el mundo online que tiene en el mundo offline.

20. Como en la vida real, sepa cuándo lo mejor es quedarse callado y no continuar con una discusión.

» Las Condiciones de uso de las redes sociales

Las condiciones de uso de las redes sociales, especialmente lo que tiene que ver con la protección de contenidos, es uno de los aspectos que más preocupa, no solo a las empresas, sino a los usuarios en general.

Tratando de investigar sobre este tema encontré un artículo en el blog del eminente abogado venezolano, José Rafael Fariñas, especializado en propiedad intelectual, del cual quiero compartir un aparte, aunque les recomiendo que lo lean en su totalidad:

http://www.rafaelfarinasve.com/la-proteccion-de-los-contenidos-en-las-redes-sociales/

"Los contenidos originales están protegidos y con el hecho de colocarlos en la red no se transfiere titularidad sobre tales derechos, sino lo que implica es el otorgamiento tácito de una licencia mundial y gratuita para su comunicación, reproducción y distribución. De igual manera, el autor de esos contenidos conserva los derechos morales, vale decir, paternidad e integridad, pues los mismos son intransferibles por naturaleza", sostiene el abogado Fariñas.

Y continúa "Aunque las condiciones de uso de las redes sociales son un contrato de adhesión, ello no significa que por esa circunstancia se despoje de todos los derechos a quienes con su intelecto producen uno de los componentes más importante de las redes sociales: los contenidos. No sólo sería ilegal, sino también injusto!".

A continuación incluyo la información acerca de cómo ubicar, en cada una de las redes sociales que hemos visto, las condiciones de uso. Mi recomendación es que la persona o el equipo que va a estar a cargo de gestionar la presencia de su marca o empresa en la red, las imprima, las lea, las subraye y las tenga presentes.

Recuerde que estas condiciones son actualizadas por las redes, por lo que hay que estar monitoreando constantemente en caso hubiese algún cambio.

1. Condiciones de uso Twitter

https://twitter.com/tos

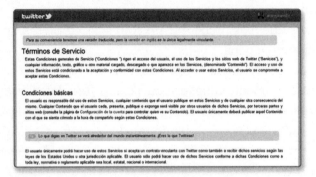

Las condiciones de uso están ubicadas en la mitad del lado derecho de la página de Twitter.

2. Condiciones de uso de Facebook

http://www.facebook.com/terms.php

Las condiciones de uso están ubicadas en la parte inferior de la página de Facebbok

3. Condiciones de uso de Linkedin
http://www.linkedin.com/static?key=user_agreement& trk=hb_ft_userag

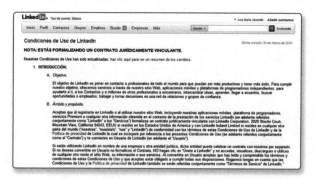

Las condiciones de uso están ubicadas en la parte inferior de la página.

4. Condiciones de uso de Foursquare
https://es.foursquare.com/legal/terms

Las condiciones de uso están ubicadas en la parte inferior de la página.

5. Condiciones de uso de YouTube
http://www.youtube.com/t/terms

Las condiciones de uso están ubicadas en la parte inferior de la página. Están en inglés.

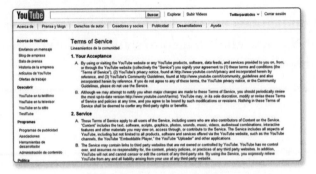

» Las políticas de privacidad de las redes sociales

Este es un asunto que preocupa a todos los usuarios de las redes sociales por igual. Por favor no deje de leer las políticas de privacidad de cada una de las redes sociales en las que vaya a participar.

Adicionalmente, tenga en cuenta las siguientes 6 recomendaciones, que son de sentido común:

1. No divulgue demasiada información acerca de usted o lo que hace en su vida privada.

2. Si va a enviar datos personales, como su dirección, teléfono o correo electrónico, hágalo por otro medio (correo electrónico, por ejemplo), nunca lo haga en su página que puede ver todo el mundo.

3. Tenga cuidado con las aplicaciones de terceros que usan sus cuentas en las redes sociales; cerciórese que se sea un sitio conocido antes de crear una cuenta allí y permitirles la conexión.

4. No deje sus páginas abiertas. Si usted es el encargado de la gestión de redes en su empresa, le recomiendo que cierre todas las páginas al salir de su oficina, así sea para almorzar.

5. No comparta las contraseñas con nadie.

6. Conéctese a la Web desde lugares seguros.

A continuación incluyo la información acerca de cómo ubicar, en cada una de las páginas de las redes sociales que hemos visto, las políticas de privacidad.

Al igual que con las condiciones de uso, mi recomendación es que la persona o equipo que va a estar a cargo de gestionar la presencia de su marca o empresa en las redes sociales, imprima las políticas de privacidad, las lea, las subraye y las tenga presentes.

Recuerde que estas políticas también cambian, por lo que hay que estar monitoreando constantemente la respectiva red, en caso de que hubiese algún cambio.

1. La privacidad en Twitter
https://twitter.com/privacy

La política de privacidad de Twitter está ubicada en la mitad del lado derecho de la página de Twitter.

2. La privacidad en Facebook
https://www.facebook.com/privacy/explanation.php

Las políticas de privacidad están ubicadas en la parte inferior de la página de Facebbok.

Aquí encontrará lo relativo a:

- Controles de privacidad (podrá editar su configuración de privacidad), controles e información adicional.

3. La privacidad en Linkedin

http://www.linkedin.com/static?key=privacy_policy& trk=hb_ft_priv

La política de privacidad de Linkedin está ubicada en la parte inferior de la página.

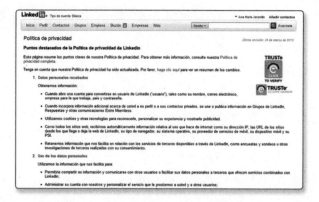

Incluye datos personales recabados, uso de los datos personales, opciones de información, obligaciones en relación con otros usuarios, seguridad, alguna información importante.

4. Privacidad en Foursquare
https://es.foursquare.com/legal/privacy

La política de privacidad de Foursquare está ubicada en la parte inferior de la página.

5. La privacidad en YouTube
http://www.youtube.com/t/privacy_at_youtube

La política de privacidad de YouTube está en la parte inferior de la página.

En el próximo capítulo veremos ejemplos de cómo algunas empresas han convertido sus estrategias en social media en casos de éxito.

Capítulo 12

Casos de éxito

Los casos de éxito en las redes sociales son muchos y van desde empresas, políticos y artistas hasta gente común y corriente que de la noche a la mañana se visibiliza en no sólo en la Web, sino en el mundo real, volviéndose rica y famosa.

He tomado cinco casos de éxito muy interesantes, espero que le gusten.

» Un desconocido y YouTube

Este es le caso de éxito de Antoine Dodson, un afroamericano de 24 años, que se volvió popular después de dar unas declaraciones a la prensa sobre un asalto ocurrido en su casa.

Lo original de la entrevista, es la forma como Dodson se expresó en contra del asaltante: en rima.

Poco después, con un poco de música, el video fue publicado en YouTube, obteniendo millones de visitas en muy poco tiempo.

Dodson, aprovechó su cuarto de hora de fama y creó un sitio Web llamado www.bedIntruderCostume.com desde el cual vende, como disfraces para Halloween, réplicas de la ropa y accesorios que tenía el día de la entrevista que le cambió la vida.

Además de los ingresos por la venta de los disfraces, U$ 24.99 por unidad, este joven ha vendido cientos de miles de copias de su canción en iTunes y su página la está vendiendo en U$ 40,000.

Qué hizo bien Dodson? Ser creativo, aprovechar la oportunidad y sacarle todo el provecho que una herramienta, como YouTube, puede brindarle.

» Cines Cinesa de España y Facebook

La compañía Cines Cinesa decidió relanzar su página corporativa en Facebook y para promocionarla le ofreció, a quienes se hicieran fans, dos entradas por el precio de una.

Los resultados para la cadena de multicines fueron muy exitosos:

- El número de fans aumentó un 3,035% en 7 días.
- Pasó de 700 a 23,000 fans.
- Un año más tarde Cines Cinesa cuenta con casi 108,000 fans en Facebook, lo que significa que no sólo los que entraron por la promoción se quedaron, sino que llegaron 85,000 nuevos.

En la actualidad la compañía tiene también una página Web, un perfil en Twitter y un canal en YouTube, desde donde se comunica con sus usuarios.

» McDonalds y Foursquare

La campaña consistió en entregar, en forma aleatoria, cheques de regalo de U\$5 y \$10 a quienes se registraran en Foursquare. Los resultados no pudieron ser mejores:

- El tráfico de sus restaurantes se incrementó en un 33%.
- Se consiguió que más de 50 artículos mencionaran la campaña.
- Obtuvieron 600,000 nuevos usuarios en las redes sociales en las que está presente.
- El coste, es decir el valor de los premios, fue solamente de U\$ 1,000.

Fuente: Mashable.

Se imaginan la lección para esta multinacional, que gasta millones de dólares en promoción al año!

» JetBlue y Twitter

La compañía aérea JetBlue hizo una campaña sensacional, para celebrar su 10°aniversario. Creó toda una estrategia de expectativa y diversión alrededor de la posibilidad de ganarse 1,000 pasajes en avión desde Nueva York.

La empresa iba lanzando pistas en Twitter acerca de los tres lugares en los que se entregarían los boletos. No sólo se debía llegar en los primeros lugares al sitio, sino llevar el objeto requerido en el tweet.

En el primero lugar se debía llevar una felicitación de cumpleaños, en el segundo una prenda azul y algo relacionado con los aviones, y en el tercero una tarjeta donde había que escribir la décima ciudad en la que JetBlue estableció sus vuelos.

La promoción, exclusiva para los seguidores de la empresa en Twitter, resultó todo un éxito: 20 minutos después de anunciar los puntos de encuentro, ya se habían agotado los 333 billetes que se regalaban en cada uno.

Hoy por hoy, la presencia de JetBlue en las redes sociales es muy fuerte. En Twitter tiene más de 1'650,000 seguidores y en Facebook un poco menos de 500,000 mil fans.

» Justin Bieber y YouTube, Twitter y Facebook

Tiene 17 años, es canadiense, dice que canta, aunque los expertos sostienen que no lo hace muy bien. Sin embargo, se ha convertido en todo un fenómeno en el mundo: Se llama Justin Bieber.

Su carrera empezó en Youtube, cuando su madre comenzó a subir a esta red social videos en los que se le veía hacer sus primeros pinitos musicales. Fue ahí donde un productor lo vio y empezó su monumental éxito.

En marzo del 2011 su video Baby, obtuvo el record como el más visto en Youtube. Pero la participación del artista no se ha limitado a YouTube.

Bieber entendió que para mantenerse en la cresta de la ola debía seguirse promocionando y qué mejor que las otras redes sociales para hacerlo.

En la actualidad el joven cantante tiene casi 9 millones de seguidores y desde su perfil mantiene una comunicación diaria con sus fans. De hecho, se ha dicho que el 3% del total de mensajes en Twitter provienen de su cuenta.

El canadiense también tiene una presencia bastante significativa en Facebook, 24 millones de Fans.

Lo cierto, es que Bieber es producto de las redes sociales y se mantiene vigente a través de éstas.

Estos son sólo unos pocos ejemplos de los miles de casos de éxito alrededor de las redes sociales en el mundo. La mayoría de ellos de los cuales, lamentablemente, no nos enteramos, pero que ahí están.

En el siguiente capítulo veremos herramientas y recomendaciones para aprovechar el poder de las promociones, concursos, encuestas y eventos en nuestra estrategia de social media.

Capítulo 13

Promociones, concursos, encuestas y eventos

Las promociones, los concursos, las encuestas y los eventos son estrategias cada vez más utilizadas por las empresas y marcas para ganar nuevos usuarios en las redes sociales y por ende visibilizarse y vender más.

» Las promociones

Una de las formas más eficaces para desarrollar una estrategia de visibilidad de nuestra empresa o marca en la Web, es a través de las promociones.

Las empresas ofrecen algo tangible (un premio por ejemplo) y a cambio los consumidores les dan sus intangibles: apoyo, confianza y lealtad, que finalmente se traducen en la compra del producto.

Un sondeo de la firma Iclickmedia revela que el 65% de los estadounidenses encuestados lo que más espera de una marca en la Web, es que le regale cupones de sus productos.

Queda claro, que definitivamente los incentivos mueven a la gente, especialmente en las plataformas sociales. Aunque las promociones pueden funcionar muy bien en la mayoría de empresas o marcas.

Para maximizar sus posibilidades de éxito es necesario elaborar un sencillo plan que incluya:

- El objetivo.
- Un cronograma de actividades.
- El tipo de oferta o promoción que va a realizar.
- El premio que va a entregar.

- Los requerimientos necesarios para poder acceder al premio.
- Cuánto va a costar.
- A quién va a dirigirse.
- Quiénes de la empresa estarán a cargo de la ejecución, el monitoreo y el informe final.
- Cuánto tiempo va a durar.

» 10 ideas para elaborar promociones en la Web

1. Compre uno y lleve otro gratis.

2. Un porcentaje de descuento a través de cupones.

3. Un regalo que puede o no ser uno de los productos de su empresa.

4. Un beneficio extra, como por ejemplo: "Este fin de semana traiga su botella de vino al restaurante, la descorcharemos sin costo".

5. Un segundo producto a mitad de precio, por la compra del primero.

6. Un servicio gratis para los clientes que le visiten por primera vez.

7. Un producto o servicio gratis para las primeras 10 personas que le compren o le visiten.

8. Un descuento a las personas que impriman un cupón publicado en nuestra página en Internet.

9. Un descuento por ser el día de su cumpleaños, su aniversario o una fecha especial para la comunidad.

10. El envío de pequeños regalos a los seguidores más habituales, ojalá con el logo del negocio.

» 5 Recomendaciones claves para hacer promociones en la Web

1. Haga un plan y conteste las preguntas anteriores.

2. Trate que su promoción esté relacionada con su producto.

3. No abuse de las promociones, es preferible hacer una de vez en cuando y que ofrezca buenos beneficios, que muchas mediocres.

4. Cumpla. Recuerde que de no hacerlo su reputación online se afectará negativamente.

5. Conozca y acate tanto las leyes de su país, como las de la red social en la que está haciendo la promoción.

» Normas de promociones de Facebook
http://es-la.facebook.com/promotions_guidelines.php

» 47 Mil fans en 10 horas
Un ejemplo de una promoción que dio excelentes resultados es la que hizo la aerolínea Vueling, que consiguió en sólo 10 horas, 47 mil nuevos fans para su página de Facebook.

Cómo lo hizo? Con una campaña muy agresiva, exclusiva para España, en la cual cada 4 horas se regalaba un viaje a diferentes destinos de Europa. Muchos de ellos nuevas rutas de esta compañía aérea de bajo costo.

El único requisito para participar era ser fan de Vueling en Facebook.

La promoción fue un éxito rotundo al punto que se "salió" de Facebook y se expandió por otras redes sociales.

Cuatro personas de la empresa estuvieron encargadas, durante las 10 horas que duró la campaña, de controlar el alto volumen de tráfico en su página de Facebook.

La campaña fue previamente promocionada en los medios tradicionales y el resto lo hicieron los usuarios en la Web, con el famoso "boca a boca".

Ahora el reto para esta compañía es mantener esa cantidad de usuarios que recibieron, dándoles incentivos para que eviten oprimir el "No me gusta".

» Los concursos

Los concursos son otra herramienta muy útil para la visibilización de nuestras empresas o marcas en la Web.

Sin embargo, hay algunas preguntas que debemos contestar antes de convocarlos:

- ¿Cuáles son los objetivos?
- ¿Qué tipo de concurso se va a hacer?
- ¿Qué día se va a lanzar?
- ¿En qué redes se va a lanzar?
- ¿A quiénes va dirigido, solamente a seguidores, o a todos los usuarios?
- ¿Cuáles son las reglas de juego? Recuerde, entre más sencillas y claras, mejor.
- ¿Qué premios se van a ofrecer a quien gane el concurso?
- ¿Hay alguna limitación geográfica o enviará el premio a cualquier parte del mundo?
- ¿Qué duración tendrá el concurso?
- ¿Cuál será la forma de seleccionar el ganador?

Estas son dos aplicaciones de Twitter que pueden ayudarle a la hora de hacer concursos:

- **Sorteos** ■ **http://sorteie.me/index.php**
  Le da la opción de realizar sorteos entre sus seguidores de Twitter o entre todos aquellos que hagan un RT a un enlace específico, usando el acortador migre.me.
  El sistema genera resultados aleatorios, usando random. org, que se almacenan en un portal de la Web exclusivo del sorteo. Está en portugués. Pero en la parte de arriba de la página lo puede traducir a cualquier idioma, inclusive español.

- **Easypromos** ■ **http://www.facebook.com/easypromos**
  Esta aplicación le ayuda a diseñar sus propias promociones en Facebook, además de analizar y medir los resultados. Sus precios oscilan entre U$ 15 y U$100.

- **Onekontest** ■ **http://onekontest.com/**
  Es una buena herramienta para hacer concursos. El proceso del sorteo lo hace directamente OneKontest; inclusive ellos pueden anunciar públicamente a los ganadores, si usted así lo quiere.

» Las encuestas

Las encuestas son una de las herramientas más poderosas en las redes sociales y si éstas están conectadas entre sí, tendrán un efecto viral muy importante.

Crear encuestas en las redes sociales puede ser muy beneficioso para su marca, su empresa o simplemente, para conocer las tendencias de sus usuarios sobre un determinado tema. Las aplicaciones existentes, en su mayoría, son fáciles de manejar. Sin embargo, hasta ahora, los resultados pueden no ser muy confiables.

Al hacer una encuesta:
- Formule la pregunta de la manera más clara y concisa posible.
- Recuerde que una vez publicada no se puede modificar.
- Si da la opción que cada usuario conteste sólo una vez, selecciónela.

Estas son algunas de las aplicaciones más populares para crear encuestas:

1. **TwtPoll** ■ **http://twtpoll.com/**
   Esta es una herramienta muy fácil de usar. Está en inglés, pero puede cambiar el lenguaje en la parte inferior derecha.
   Le da la oportunidad de crear sondeos y encuestas. Algunos de los sondeos son gratis y sólo incluyen un interrogante, mientras que las encuestas tienen más preguntas e incluyen datos demográficos y son pagas.
   Le recomiendo que no marque la opción "Allow multiple vote per IP address", porque le permitirá a un mismo usuario responder varias veces, distorsionando los resultados.
   Adicionalmente, en la página de Twtpoll podrá ver las últimas encuestas que se han creado allí y las más populares. Mírelas antes de empezar a crear la suya.

2. **TwttrStrm** ■ **http://www.squidoo.com/twttrstrm/hq**
   Es una aplicación de uso sencillo y gratuito creada por Squidoo, que permite iniciar discusiones y seguir los resultados de las preguntas formuladas. Solamente necesita plantear el interrogante o el tema de discusión (que no exceda de 100 caracteres), ingresar su nombre en Twitter, escribir una palabra clave o hashtag que identifique su encuesta y finalmente, elegir la categoría correspondiente al tema.

3. **Polls.tw** ■ **http://polls.tw/**
   Es una rápida y sencilla herramienta gratuita para crear encuestas. Lo único que necesita es formular la pregunta y escribir

las posibles respuestas. Este servicio le da la opción a quienes contesten la encuesta de hacer comentarios al respecto. Cada vez que entre a la página de Polls.tw podrá monitorear los resultados de su encuesta.

4. **Poll Your Followers** ■ **http://pollyourfollowers.com/**
Es una manera muy fácil de hacer encuestas. Solamente necesita introducir su nombre en Twitter, formular la pregunta y las probables respuestas. Después se creará una URL corta para la encuesta y aparecerá en su página de Twitter. La puede pasar a español.

5. **PollDaddy Twitter** ■ **http://twitter.polldaddy.com/**
Es una forma fácil y rápida de elaborar encuestas. Tan sólo basta con crear las preguntas e ingresar con sus datos de Twitter y la encuesta se le enviará a todos sus seguidores. Genera respuestas a través del Website, e-mail, iPad, Facebook y Twitter y sus reportes son fáciles de leer. Tiene un plan gratuito, otro de U$200 y el corporativo que es de U$ 899 al año.

» Promocionar eventos

En la actualidad las redes sociales son el principal medio usado para promocionar cualquier tipo de evento. Estas son algunas claves que le servirán a la hora de promocionar el suyo:

» 6 Recomendaciones para promocionar un evento en las redes sociales

1. Si es un evento grande lo mejor es crearle un blog, que le permita actualizarlo con frecuencia y que, a su vez, alimente el perfil de Twitter y la página de Facebbok.

2. Si es un evento pequeño, con presencia en Facebook y Twitter, será suficiente.

3. Para cualquier tamaño de evento, crée un "evento" en Facebook, es una buena opción que no hay que desaprovechar.

4. De igual manera crée un hashtag para su perfil de Twitter y úselo cada vez que promocione el evento. Pero no se le vaya la mano en la promoción. Recuerde que podría ser tomado como spam.

5. Si tiene la oportunidad haga un video relacionado con el evento, publíquelo en YouTube y promociónelo en las otras redes sociales. Si pudiera encontrar una personalidad reconocida por la comunidad, que invitara al evento en dicho video, sería un hit.

6. Durante el evento tome fotografías y envíelas en tiempo real a las redes que tenga presencia; puede hacerlo a través de Yfrog, Twitpic y Flickr.

Espero que este libro le haya servido para entender un poco más la magnitud de la época que nos tocó vivir. Donde la constante es el cambio.

Recién empezamos a acostumbrarnos al concepto de la Web 2.0 y ya estamos desarrollando la Web 3.0.

Los invito, pues, a que sigamos aprendiendo juntos. La ventaja es que aquí ninguno es experto.

Nota: Cualquier comentario acerca del contenido de este libro será bienvenido en mi dirección de Twitter @anamjaramillo o mi e-mail twitterparatodos@gmail.com